Michael Kalff

Kinder erfahren die Stille

Naturmeditationen für Kinder und Eltern

Herder
Freiburg · Basel · Wien

Gedruckt auf umweltfreundlichem,
chlorfrei gebleichtem Papier

Alle Rechte vorbehalten – Printed in Germany
© Verlag Herder Freiburg im Breisgau 1998
Satz: DTP-Studio Helmut Quilitz, Denzlingen
Herstellung: Freiburger Graphische Betriebe 1998
ISBN 3-451-26225-8

Inhalt

Kinder erfahren die Stille

Naturmeditationen sind für Kinder etwas völlig Selbstverständliches. Wir wissen noch aus unserer eigenen Kindheit, wie wir uns in das Spiel mit Steinen, Blättern oder Moos versenkten, wie wir mit Bäumen sprachen, wie sehr wir mit einer natürlichen Umgebung, z. B. einem Wald, verschmelzen konnten.

Die Lebenswelt der Kinder ist mittlerweile so verändert, daß derartige Erfahrungen sich nicht mehr von allein einstellen. Der Reiz virtueller Welten (Fernseher und Computer), die Zerstörung siedlungsnaher Naturräume, der Verkehr, manchmal auch besorgte Eltern schneiden Kinder von elementaren Naturerfahrungen ab.

Um sich gesund zu entwickeln, brauchen Kinder unmittelbare, ganzheitliche Naturerfahrungen. Spaziergänge am Sonntag oder der Wandertag mit der Schulklasse können solche Erfahrungen nicht ersetzen. Die Übungen und Vorschläge in diesem Buch beruhen auf zehn Jahren praktischer Erfahrung in der *Naturschule Freiburg*. Es möchte Eltern eine Hilfe dabei sein, ihren Kindern im Vorschul- und Grundschulalter einen heilsamen Bezug zur Natur zu vermitteln.

Kindgerechte Meditationen in der Natur eignen sich dazu besonders gut:

🍃 Naturmeditationen sensibilisieren die Sinne, vermitteln besondere Erfahrungen und regen die Phantasie an;

🍃 Naturmeditationen bieten die Möglichkeit des bewußten Erlebens von Stille, sie sind Ruheinseln im Streß des Kinderalltags;

🍃 Naturmeditationen stiften eine liebevolle, zugewandte Beziehung zur Natur und fördern Ehrfurcht vor dem Leben – ganzheitliches Naturerleben ist nicht nur wichtig für die körperliche und seelische, sondern auch für die gesunde ethische Entwicklung der Kinder;

🍃 Naturmeditationen sind von Eltern und Kindern gemeinsam verbrachte Zeit, in der sie intensive, freudvolle Erfahrungen jenseits der Alltagsroutine miteinander teilen.

Dieses Buch hat drei Abschnitte. Der erste Teil führt in wichtige Grundregeln für das Naturerleben mit Kindern ein. Kinder mögen zum Beispiel keine langen Fußmärsche, sie kehren hingegen gerne immer wieder zu „ihrem" Platz in der Natur zurück. Im ersten Kapitel wird beschrieben, welche Bedingungen ein solcher Platz bieten sollte.

Darüberhinaus ist es ratsam, eine Aufeinanderfolge von ruhigen und bewegten Aktivitäten richtig vorzubereiten. Naturmeditationen brauchen einen gewissen Vorlauf, damit Kinder sich auf diese besonderen Erlebnisse einstellen. So können sie sich auf Stille-Erfahrungen Schritt für Schritt einlassen. Für all dies werden Praxistips und Anleitungen gegeben.

Kinder lieben Rituale, besonders in und mit der Natur. Der Wald, eine Wiese oder Wasser bieten eine Fülle von Möglichkeiten. Im vorliegenden Buch finden Sie entsprechende Anregungen.

Der zweite Teil des Buches handelt von den drei Wegen der Naturmeditation. Die Einleitung des Kapitels enthält Hintergrundwissen, das bei der Anleitung von Naturmeditationen hilft. Unmittelbar danach folgen praktische Übungen:

Sich versenken enthält sieben praktische Übungen der „einsgerichteten", die auf die Wahrnehmung eines einzelnen Phänomens konzentrierte Aufmerksamkeit. Die Kinder tauchen völlig ein in die Beobachtung von Naturphänomenen, oder sie konzentrieren sich auf die Wahrnehmungen eines Sinnes (z. B. auf Geräusche oder auf den Tastsinn). Eine weitere Übung des Sich-Versenkens ist „zuhören": am Ort des Geschehens erzählt, entfalten Baummythen, Naturgeschichten oder Waldmärchen ihr ganz eigenes Leben.

Wer die hier beschriebenen Übungen anleitet, entdeckt in der Natur unzählige weitere Möglichkeiten für Meditationen dieser Art.

Zwiesprache ist ein anderer Weg, sich auf die Natur einzulassen. Auf verschiedenen Ebenen kommt es zum Dialog mit der Natur: kreative Begegnung mit den Materialien und Gegebenheiten des Lebensraums; Gespräch (z. B. mit einem Baum) und schließlich direkte Einfühlung in andere Lebewesen. Auch hier gibt es sieben Anleitungen zu Grundübungen, die dann variiert und erweitert werden können.

Einssein beschreibt die tiefsten Möglichkeiten der Naturmeditation. Dieser Weg beginnt mit spielerischem Hineinversetzen in andere Lebensformen und führt über sieben verschiedene Meditationen Schritt für Schritt zu einer unmittelbaren Erfahrung des Verbundenseins mit allem Leben.

Der dritte Teil des Buches geht schließlich auf unterschiedliche Situationen für Naturmeditationen ein. Unter der Überschrift *Erlebnisräume* werden besondere Tips und Übungen für Meditationen im *Wald*, auf einer *Wiese*, am *Wasser* oder in der *Nacht* gegeben. Ein eigenes Kapitel widmet sich dem Erlebnis von *Sonne, Mond und Sternen*. Schließlich gibt es noch Ratschläge für Naturmeditationen in den verschiedenen *Jahreszeiten*.

Inspirationen aus verschiedenen Kulturen der Welt schließen das Buch ab: Hier findet sich eine Sammlung von kurzen Texten, die das Verhältnis von Mensch und Natur zum Thema haben.

Dieses Buch ist nicht als bloße Rezeptsammlung gedacht. Deshalb sprechen die Texte den Leser persönlich an, so wie es auch in den Veranstaltungen der Naturschule Freiburg geschieht. Auf diese Weise wird zwischen den Zeilen jene Erfahrung spürbar, die es den Kindern zu vermitteln gilt. Wer in einzelnen Kapiteln an Erlebnisse aus seiner eigenen Kindheit erinnert wird oder sogar zu eigenen Meditationen in der Natur inspiriert wird, verfügt über wertvolle Erfahrungen, die mit Kindern zu teilen sich lohnen.

Mit Kindern in der Natur

Kinder erleben Natur ganz anders als Erwachsene. Kinder haben noch keinen Sinn für die Ästhetik einer Landschaft, für großartige Aussichten und durchmessene Wanderkilometer. Ihnen liegen Sinneserfahrungen, direkte Berührung mit dem Lebensraum und seinen natürlichen Materialien viel näher. Im Mittelpunkt stehen Spiel und Begegnung mit all den „beseelten" Wesen der Natur: Steinen, Blumen, Käfern, Bäumen, Wasser, Erde...

Kinder brauchen also keinen Spaziergang entlang der Höhepunkte eines Naturschutzgebietes, sondern viel Zeit, sich an einem Ort mit Natur vertraut zu machen. So gehen wir in der Naturschule Freiburg mit Kindergruppen immer wieder an denselben Platz, „ihren" Platz. In dessen Umgebung freunden sie sich bald mit Bäumen und Felsen an, kennen den Bachlauf, und sie begegnen auch ihren Hinterlassenschaften vom letzten Besuch (Waldkunstwerke, Hütten, aber auch vergessene Butterbrotpapiere usw.).

„Ihr" Platz

Es muß also nicht das schönste Biotop in Ihrer Umgebung sein, das Sie sich für Naturmeditationen aussuchen. Viel geeigneter ist ein Platz, der folgende Bedingungen erfüllt:

🍃 *nah bei der Wohnung* – je weiter entfernt Ihr Platz liegt, desto schwieriger ist es, dort auch öfter hinzugehen. Ideal ist, wenn Sie Ihren Platz zu Fuß oder mit dem Fahrrad erreichen können; noch besser, wenn die Kinder dort auch alleine hingelangen können. In der Stadt ist das nicht einfach, aber vielleicht führt eine Bus- oder Bahnlinie ohne viel Umsteigen ins Grüne.

🍃 *artenreich und vielgestaltig* – bester Kinderspielplatz überhaupt ist der Wald. Suchen Sie sich einen Platz mit vielen verschiedenartigen alten und jungen Bäumen, mit Unterholz und einer Lichtung zum Spielen. Großartig, wenn es in der Nähe Wasser gibt: einen Bach oder einen Tümpel. Wenn es keinen Wald in Ihrer Nähe gibt, dann vielleicht ein dicht bewachsenes Ufer mit großen Sträuchern, einen alten Steinbruch, ein Ruinengrundstück. Die besten Plätze für Kinder sind interessanterweise auch die, an denen sich viele Tiere wohl fühlen. (Ufer unterhalb von Staumauern sind durch plötzliche Überflutung gefährdet, achten Sie auf entsprechende Hinweisschilder!).

🍃 *kein Trubel in der Nähe* – halten Sie Abstand von Straßen, großen Spazierwegen, Waldspielplätzen, Siedlungen. Man sollte von Ihrem Platz aus nichts davon sehen, am besten auch nichts hören. Ihr Platz darf durchaus ein Geheimnis sein – ein Stück weit vom Weg abgelegen.

✏ *keine Gefahrenquellen* – achten Sie auf Scherben, Stacheldraht, steile Felskanten, Löcher. Von der Natur selbst gehen kaum Gefahren aus: die wildlebenden Tiere in unseren Gegenden greifen nicht von sich aus Menschen an, es gibt bei uns keine Spinnen oder Schlangen, deren Gift tödlich wäre, keine fleischfressenden Pflanzen … und wenn Sie nur von den Wildpflanzen essen, die Sie genau kennen, können Sie sich auch nicht vergiften. Näheres dazu weiter unten.

✏ *zum Spielen geeignet* – Ihr Platz sollte ebene Flächen haben, eine Lichtung für aktive Bewegungsspiele, und er sollte viele verschiedene Materialien anbieten: Steine, Laub, Erde, Moos, Stöcke, Reisig, verschiedene Baumfrüchte (z. B. Fichtenzapfen, Bucheckern, Eicheln, Ahorn-Flügler …), oder aber Kies, Sand, Muscheln, unterschiedliche Pflanzenteile (z. B. Blätter, Blüten, Früchte, Stengel oder Rinde …).

Wenn Sie beim Spaziergang in Ihrer Umgebung die Augen offenhalten, finden Sie bestimmt einen geeigneten Platz – oder sogar mehrere, um ab und an zu wechseln.

Rituale

Wenn Sie immer wieder zu „Ihrem" Platz in der Natur zurückkehren, entwickeln die Kinder ganz von selbst eine besondere Beziehung zu diesem Platz. Diesen Prozeß können Sie auch zusätzlich unterstützen, indem Sie jedesmal eine Art Begrüßung zelebrieren. An einem markanten Punkt Ihres Platzes (z. B. in der Mitte) hocken Sie sich zusammen auf den Boden und legen die Hände flach auf die Erde. Dann schließen Sie die Augen, spüren die *Erde unter den Händen*. Wenn man ein Lebewesen so mit der Hand berührt, z. B. einen Hund oder einen Menschen, kann man etwas von der Lebensenergie dieses Wesens fühlen. Aber auch die Erde lebt, sie ist ein riesig großes Lebewesen mit verschiedenen Organen (den Wäldern, den Meeren, den Flüssen, der Luft, den Wolken…) – versuchen Sie, ob Sie etwas von der Lebenskraft der Erde unter den Händen spüren können. Wie die Pflanzen mit ihren Wurzeln dürfen Sie diese Energie durch die Hände aufnehmen. Und wenn Sie etwas Belastendes mit sich herumtragen, können Sie es der Erde übergeben. Die fruchtbare Erde hat die Kraft, es zu verwandeln und etwas Neues, Lebendiges daraus wachsen zu lassen.

Öffnen Sie danach zunächst Ihre Nase, dann die Ohren, schließlich auch die Augen, und begrüßen Sie alle Wesen, die Sie um sich herum sehen können. Schließlich nehmen Sie, ohne die Verbindung zur Erde zu lösen, die Hände wieder vom Boden auf.

Kinder lieben diese Übung. In Kursen der Naturschule erzähle ich oft vom Glauben der Indianer, daß tief unten in der Erde das „Herz von Mutter Erde" schlägt, und daß unser Herzschlag ein Echo auf den Puls von Mutter Erde ist. Oft ruft dann ein Kind überrascht aus: „Ja – ich spür's!" Probieren Sie gemeinsam aus, ob Sie den Puls der Erde fühlen können.

Ein anderes Anfangsritual besteht darin, an Ihrem Platz einen **Baum zu begrüßen**. Jeder von Ihnen sucht sich seinen Baum, und zum Begrüßen legen Sie die Stirn an seinen Stamm. Dabei können Sie ihn umarmen, wenn Sie mögen. Die Bäume haben es auch gern, wenn man um sie herumgeht, sie von allen Seiten bewundert und ihre Größe anerkennend würdigt. Dann legt man noch einmal die Stirn an seine Rindenhaut und lauscht – manchmal hat ein Baum nämlich auch etwas Wichtiges zu sagen. Zuletzt bietet der Baum noch seine Hilfe an: Man kann wie bei einer Garderobe alles bei ihm lassen, was man Schweres mit sich trägt und gerade jetzt eigentlich nicht braucht: Rucksack und Regenkleidung, Trinkflasche, Sorgen, Ärger oder Schmerzen.

Später, beim Abschiednehmen, wird jeder zu seinem Baum zurückkehren. Mit der Stirn auf seinem Stamm sagen Sie ein stilles „Aufwiedersehen" und schauen nach, was inzwischen aus den Dingen geworden ist, die Sie in seiner Obhut gelassen haben. Manches verändert sich, wenn man es einem Baum anvertraut, und manches gedanklich Belastende braucht man gar nicht mehr mit nach Hause zu nehmen.

Zum Abschied gibt es auch ein Ritual mit den Händen auf der Erde. Dort, wo Sie den Platz begrüßt haben, hocken Sie sich wieder hin, berühren die Erde, schließen die Augen. Jeder kann ein stilles „Danke" sagen für die Stunden, die Sie dort gemeinsam erlebt haben, und sich von all den Wesen umher verabschieden. Zum Schluß rezitiere ich für die Kinder gerne ein Gedicht, das ich bei einem meiner Lehrer, Joseph Cornell, gelernt habe, und das eine Zeit in der Natur auf inspirierende Weise abrundet (siehe am Schluß des Kapitels „Einssein").

Gelegentlich läßt sich zum Abschied auch ein **Zukunftsstein** in die Erde pflanzen. Dazu brauchen alle einen kleinen Stein, der sich gut in der Hand verstecken läßt. Dann geht jeder für sich damit zu einer geheimen Stelle (vielleicht zu Füßen „seines" Baums) und spricht auf diesen Stein einen liebevollen Wunsch für Ihren Platz. Zum Beispiel, daß es den Tieren dort immer gut gehen soll – daß sie genügend Nahrung finden und nicht frieren; oder daß die Menschen dort niemals Müll abladen; oder daß die geplante Straße doch nicht gebaut wird ... Damit aufgeladen wird der Stein dann in der Erde vergraben, wie ein Same, damit der gute Wunsch bald Wirklichkeit werden kann.

Ein weiteres **Abschiedsritual** kenne ich von Sigrid Lechner-Knecht, einer der Initiatorinnen der Naturschule Freiburg. Es ist für kleinere Kinder geeignet: Jedes umarmt seinen Baum, berührt ihn mit der Stirn und sagt:

Du schöner, grüner Wald, hab Dank,
ich liebe und ich schütze dich mein Leben lang.

„Anschließend atmen wir tief ein und aus und danken (mit geschlossenen Augen), daß wir vom Wald die Atemluft geschenkt bekommen und er dafür unsere verbrauchte Luft aufnimmt."[1]

Solche Rituale schaffen einen Rahmen, der eine andere Art von Naturerleben ermöglicht als bloß Hüttenbauen und Brennesselköpfen. Sie sensibilisieren für die bewußte Wahrnehmung anderer Lebewesen und stimmen auf Meditationen ein. Es gibt auch Rituale, die Teil der Naturmeditationen sind oder die sich in besonderen Situationen anbieten. Sie werden dann im jeweiligen Kapitel beschrieben.

---

[1] Sigrid Lechner-Knecht: *Kommt und erlebt die Wunderwelt des Waldes.* Tuningen 1990, S. 194.

Bewegung und Stille

Es wurde bereits angedeutet, daß es Kinder auf meditative Naturerfahrungen zunächst entsprechend einzustimmen gilt. Die Lebenswelt der Kinder ist heute durch Autostraßen, kleine Wohnungen und stundenlanges Stillsitzen vor dem Fernseher, im Klassenzimmer oder bei den Hausaufgaben geprägt. Das daraus resultierende Bewegungsdefizit bekommt nicht nur die Familie, sondern auch die Schule oder der Kindergarten (besonders am Montagmorgen) zu spüren. Unreglementiertes Austoben, die Übung motorischer Fähigkeiten beim Bäumeklettern und Hüttenbauen, der Umgang mit natürlichen Elementen (Wasser, Erde, Steine, Feuer...) sind am Ende des 20.Jahrhunderts keine selbstverständlichen Erfahrungen mehr für unsere Kinder.

Deswegen ist nur natürlich, daß Kinder diese Defizite ausgleichen, sobald sie Gelegenheit dazu bekommen. Es ist also vollkommen in Ordnung, wenn sie sich in der Natur austoben, klettern, bauen, graben, Staudämme anlegen, Tannenzapfen werfen... Ihre Rolle als Eltern besteht in dieser Phase lediglich darin, auf Sicherheit zu achten. Ein besonders bei Jungen beliebtes Spiel ist z. B., Stöcke mit Wucht an Baumstämme schlagen, so daß das abbrechende Stück quer durch die Luft geschleudert wird – das ist nicht gefährlich, wenn sich alle anderen hinter dem Rücken, dessen, der schlägt, befinden.

Wenn Sie die Zeit in der Natur mit einem der oben beschriebenen Rituale eingeleitet haben, werden Sie kaum eingreifen müssen, um allzu wüste Aktionen zu stoppen (wenn die Kinder z.B. mit Stöcken ganze Schneisen in die Vegetation hauen). Lassen Sie sie so weit wie möglich einfach gewähren.

Vor allem bei Jungen kann es hin und wieder sinnvoll sein, überschüssige Energie in konstruktive Bahnen zu lenken. Geben Sie der Phantasie Nahrung, indem sich die Kinder zum Beispiel in Waldtiere verwandeln. Bei den Jungen sind Wolf, Adler oder Fuchs beliebt, Mädchen wählen öfter Eichhörnchen und Hase. Jetzt sollen sie sich einen *Unterschlupf schaffen* und anschließend nach Nahrung suchen. Die Kinder können Verstecke für ihre Nahrung anlegen, und es macht überhaupt nichts, wenn „Wölfe" oder „Adler" lauter Fichtenzapfen für den Winter sammeln ...

Kinder lieben es auch, *Tunnel* zu graben (nicht zum ganz Hineinkriechen, aber wenigstens für den Arm), mit großen Ästen ein *Waldlabyrinth* zu legen oder *Robinson Crusoe* zu spielen. Gibt es in der Nähe Wasser, so sind wohl ganze Nachmittage mit dem Bau von *Staudämmen* und Matschen ausgefüllt. Sie können sonst vielleicht auch einige leere Flaschen mit Wasser füllen und diese zu Ihrem Platz mitnehmen.

Auf diese Weise ergeben sich mit der Zeit ganz von selbst Gelegenheiten und die richtige Stimmung für Naturmeditationen. An manchen Tagen wird keine Meditation mit den Kindern möglich sein, weil sie einfach zu „aufgedreht" sind. An anderen Tagen hingegen sind sie offen für stille Erfahrungen. Versuchen Sie nicht, die Kinder durch heftige Aktivitäten zu ermüden, um so Ruhe für meditative Momente zu schaffen – das geht schief. Sie verstehen Meditation dann nur als Atempause, um gleich darauf weiterzutoben. Für die Erfahrungen, um die es hier eigentlich geht, sind sie in ihrer Ausgelassenheit dann gar nicht empfänglich.

Die richtige Zeit für Naturmeditationen ist also dann, wenn Kinder schon von sich aus in einer ruhigen Verfassung sind. Sofern sie nicht allzu ungestüm sind, kann man sie aber auch durch Anleitung einer Reihenfolge von Aktivitäten zu Naturmeditationen hinführen.

Ein Begrüßungsritual wie oben beschrieben stimmt bereits in entsprechender Weise ein. Danach paßt ein Spiel, in das Ihr Platz und die Sinne einbezogen sind, z. B. *Verstecken und Entdecken*: Sie verbergen fünf Gegenstände in einem bestimmten Areal. Diese Gegenstände dürfen aber nicht verdeckt sein, sondern müssen sich durch Verschmelzung mit ihrer Umgebung tarnen – eine gelbe Fahrkarte zwischen gelbem Laub, ein schwarzes Schlüsselmäppchen an schwarzbrauner Rinde... Von Mal zu Mal und je nach Alter kann man den Schwierigkeitsgrad steigern. Eine auf kleine Zweige aufgesteckte Kugelschreibermine oder ein Streichholz zwischen gesplitterten Holz suchen selbst Erwachsene eine Weile lang.

Eine andere Möglichkeit besteht darin, die Augen zu schließen, die Ohren zu öffnen und auf die vielen *Geräusche* an Ihrem Platz zu lauschen. Für jedes Geräusch wird ein Finger der geballten Faust gestreckt. Kindergartenkinder dürfen nach fünf, Schulkinder nach zehn verschiedenen Geräuschen die Augen wieder öffnen, wenn also eine Hand oder beide Hände „voll" sind mit Geräuschen. Was gab es da alles zu hören?

Ein anderes Spiel bezieht sich auf die Sammelleidenschaft von Kindern. Man läßt sie *112 kleine Dinge* von einer Sorte suchen, z. B. Bucheckern, Eicheln, Fichtenzapfen o. ä. Danach arrangieren Sie die Sammlung gemeinsam zu einem Muster (an etwas abgelegener Stelle, dann wird es nicht gleich zertreten) und schenken es dem Wald, den Zwergen oder dem, was bei Ihrem Kind gerade eine wichtige Rolle spielt.

Vor allem im Herbst lassen sich aus bunten Blättern richtige Bilder legen, aber auch sonst findet sich vor allem im Wald immer genug Material für ein kleines *Naturkunstwerk*.

Für das *Fühl-Memory* sammeln Sie verschiedene Naturgegenstände (z. B. einen Stein; sehr verschiedene Blätter wie etwa die von Haselnuß, Ilex und Rotbuche; Fichtenzapfen; Moos; Erdklumpen; ...) und breiten diese vor sich auf einem Tuch aus. Dann schließt Ihr Kind die Augen und streckt seine Hand aus. In vier Schritten machen Sie es jetzt mit einem der Materialien bekannt. Zuerst legen sie das Material einfach auf den flachen Handteller. Ihr Kind darf noch nicht greifen, nur auf der flachen Hand fühlen, was da wohl liegt. Dann streichen Sie mit dem Gegenstand auf dem Handteller und den Fingerspitzen etwas hin und her, setzen verschiedene Reize, Ihr Kind darf immer noch nicht selber zugreifen. Lassen Sie eine weitere Sekunde vergehen, und jetzt darf es – mit weiterhin geschlossenen Augen – den Gegenstand umfassen und selbst mit den Fingern erkunden. Danach nehmen Sie den Gegenstand wieder, streichen damit über die Wange Ihres Kindes und legen ihn zurück auf das Tuch. Jetzt öffnet es die Augen – welches Material es wohl war?

Wenn Sie mit der Natur ein wenig vertraut sind, können Sie Ihr Kind auch mit verbundenen Augen entlang eines **Riechparcours** führen: zerriebene Blätter der Knoblauchsrauke, das Harz aus den „Pickeln" des Douglasienstamms (oder zerriebene Nadeln, beides duftet würzig nach Zitrone), Blüten von Holunder und Mädesüß, moderndes Holz und Laub, Erde, Pilze, ...

Einen ebenfalls eher ruhigen Zugang zur Natur bietet gemeinsames *Entdecken der* verschiedenen **Baumarten** und **Kräuter** mit Hilfe von Bestimmungsbüchern.[2] Sie können auch die vielen **Lebensspuren der wilden Tiere** erkunden.[3] Achten Sie darauf, die Kinder nicht durch Ihre eigene Begeisterung zu überfordern – je jünger sie sind, desto schneller ermüden sie an naturkundlichen Erklärungen. Mit Sechsjährigen reicht es, nur drei einander ähnliche Baumarten auf einmal kennenzulernen und dann zu etwas anderem überzugehen. Achtjährige bleiben etwa doppelt so lange dabei.

---

[2] Z.B. Gottfried Amann: *Bäume und Sträucher des Waldes*; Aichele/Golte-Bechtle: *Was blüht denn da?*; Marny-Kretzschmar: *Der neue Kosmos Tier- und Pflanzenführer*; Herbert Zucchi: *Natur erleben: Wiese.*
[3] Gertrude Maurer: *Wer war denn das? Mein erstes Spurenbuch.* Bang/Dahlström: *Tierspuren.*

Interessanter wird die Entdeckungsreise für alle, wenn Sie die Mythen und Kulturgeschichte dieser Bäume kennen.[4] Sie müssen übrigens wirklich kein ausgesprochener Naturkenner sein, um Ihren Kindern eine liebevolle, zugewandte Beziehung zur Natur zu vermitteln. Die meisten Erwachsenen (auch Lehrer) gehen nur deswegen ungern mit Kindern in die Natur, weil sie die Frage fürchten „Was ist denn das?". Eine wie aus der Pistole geschossene Antwort, womöglich noch mit lateinischen Bezeichnungen, vergessen die Kinder ohnehin wieder. Lassen Sie sich statt dessen auf Entdeckungen ein – beobachten Sie genau. Geben Sie der Blume, dem Baum, dem Käfer zunächst einen eigenen Namen, dann erst blättern Sie gemeinsam in einem Bestimmungsbuch. Auf diese Weise findet eine echte Begegnung mit den Lebewesen statt: Anfangs sind sie fremd, doch hinterher sind sie vertraute Natur-Geschwister geworden.

---

[4] Susanne Fischer: *Blätter von Bäumen: Legenden, Mythen, Heilanwendung und Betrachtung von einheimischen Bäumen*; von derselben Autorin liegt auch ein Buch über die Mythen und Märchen der Kräuter vor: *Medizin der Erde*.

Sicherheit

Angst vor wilden Tieren braucht in Deutschland niemand zu haben. Wölfe gibt es nur noch in wenigen polnischen Wäldern; Luchs, Fuchs, Dachs und Marder greifen keine Menschen an. Wir passen nicht in ihr „Beutebild", selbst Kinder sind viel zu groß für diese Tiere. Wildsäue mit Frischlingen können zwar aggressiv werden, Wildschweine sind aber nachtaktiv. Sollten Sie trotzdem unvermutet einer Wildschweinfamilie begegnen (eigentlich halten die Tiere von sich aus Abstand), dann bleiben Sie ganz ruhig auf Ihrem Fleck stehen. Sie dürfen den Tieren nicht das Gefühl vermitteln, sie zu bedrohen. Normalerweise bringen die Tiereltern sich und ihre Kinder dann selbst in Sicherheit, wenn nicht, ziehen Sie sich mit langsamen Bewegungen zurück.

Auch tollwütige Tiere greifen nicht aus dem Hinterhalt an. Wenn wildlebende Tiere überraschend zutraulich erscheinen, ist das viel gefährlicher. Bleiben Sie auf Abstand, ziehen Sie sich nötigenfalls langsam zurück.

Wenn Sie zufällig Tierkinder aufspüren, dann lassen Sie sie in Ruhe. Anschauen ist erlaubt, Berühren jedoch nicht, und anschließend wechseln Sie zu einem anderen Platz. Meist sind die Eltern nicht weit, sie könnten ihren Nachwuchs verteidigen wollen. Außerdem ist es vielen Tiereltern sehr unangenehm, wenn ihre Kinder nach Menschenhänden riechen...

Bedenklicher sind Begegnungen mit winzigen Plagegeistern, den Zecken. Sie sitzen im Gras, auf Kräutern und auf dem Waldboden. An sich ist ein Zeckenbiß nicht tragisch, aber manche Zecken übertragen Erreger von FSME (einer Gehirnhautentzündung) oder Borreliose (einer bakteriellen Infektion der Gelenke und Nerven). Gegen Zeckenbefall hilft ein Einreibemittel aus der Apotheke/Drogerie (aber kein biologisches, die sind leider wirkungslos) sowie Kleidung, die Arme und Beine bedeckt. Ob eine Impfung gegen FSME in Ihrer Gegend sinnvoll ist, wissen Gesundheitsamt und Forstbehörden. Gegen Borreliose gibt es bei uns noch keine Impfung, deshalb sollten Sie nach jedem längeren Aufenthalt in der Natur die Kleidung wechseln (kurz auswaschen) und den Körper gründlich nach Zecken absuchen. Zecken krabbeln mitunter geraume Zeit in der Kleidung und am Körper herum, bevor sie „anbeißen". Hat eine Zecke sich schon festgehakt, dann fassen Sie sie mit einer breiten Pinzette (spezielle Zeckengreifer gibt es in der Apotheke) und ziehen sie mit einer leichten Drehbewegung in *eine* Richtung oder einfach ohne zu drehen heraus. Je länger die Zecke saugt, desto höher ist das Risiko einer Infektion. Die Verwendung von Zeckenkillern wie Öl, Wasser oder gar Klebstoff erhöht das Infektionsrisiko immens, weil sich die um ihr Leben ringenden Tiere in die Bißwunde erbrechen.

Borreliose-Infektionen gibt es ab und an. Sie machen sich einige Tage nach dem Biß durch eine *ringförmige* Rötung um die Bißstelle bemerkbar. In diesem Fall ist ein Besuch beim Hausarzt angesagt, der ein relativ harmloses Antibiotikum verschreiben wird. In wenigen Jahren wird hoffentlich auch ein Impfstoff zur Verfügung stehen.

FSME tritt hingegen nur regional und sehr selten auf. Die Erkrankung beginnt mit Kopf- und Gliederschmerzen sowie Fieber etwa eine Woche bis zehn Tage nach dem Zeckenbiß. Im Verdachtsfall ist sofort ein Arzt oder Krankenhaus aufzusuchen.

Aber keine Panik – Zeckenbisse sind völlig normal und insgesamt kommt es nur selten zu einer Borreliose. Das Risiko, an FSME zu sterben, ist selbst in den befallenen Gebieten geringer als die Chance, mit einem Flugzeug abzustürzen.

Wirklich giftige Insekten gibt es bei uns übrigens nicht; die unausrottbare Mär von der tödlichen Wirkung der Hornissen- oder Libellenstiche entbehrt jeder Grundlage: Hornissen sind sehr selten und grundsätzlich friedliebend. Sie verteidigen sich aber ebenso, wie Bienen und sind keinesfalls giftiger als diese. Libellen wiederum haben gar keinen Stachel!

Allenfalls Insektenstiche in Mund und Rachen können lebensbedrohlich anschwellen. Mit Eiswürfeln (lutschen!) läßt sich die Schwellung auf dem Weg zum Arzt oder Krankenhaus aufhalten.

Auch Pflanzen stellen keine echte Bedrohung dar. Wenn Sie sich mit dem Kosten von Früchten, Pilzen und Blättern an die Arten halten, die Sie sicher kennen, können Sie sich nicht vergiften. Vorsicht ist allerdings bei bodennahen Beeren geboten – sie können in manchen Gegenden vom Fuchsbandwurm kontaminiert sein (beim Forstamt nachfragen). Sie roh zu essen stellt aber auch dann nur ein geringes Risiko dar, denn die Übertragung des Fuchsbandwurms durch Wildbeeren ist etwa zehntausendfach seltener als durch Haustiere. Die Symptome einer Fuchsbandwurm-Infektion fallen allerdings erst in fortgeschrittenen Stadien auf, wenn sie nicht mehr zu heilen ist.

Ansonsten stellt der Genuß von Pilzen, Wildfrüchten und Kräutern eine sehr unmittelbare Variante gelungener Naturbegegnung dar.[5]

Hautkontakt mit dem Saft des Riesenbärenklaus kann empfindliche Reizungen hervorrufen. Solcher Kontakt läßt sich aber leicht vermeiden – der Riesenbärenklau ist eine auffällige Pflanze, über einen Meter hoch (bis zu drei Metern!), mit einem armdicken Stengel, mindestens suppentellergroßen weißen Blütendolden und riesigen, pelzigen und ziselierten Blättern. Das aus dem Kaukasus zu uns gelangte Kraut (es heißt auch „Herkulesstaude") findet sich

---

[5] Erich Heiss: *Wildgemüse und Wildfrüchte*; Christine Recht: *Ernte am Wegesrand*; Jim Meunick: *Eßbare Wildpflanzen*; Roger Phillips: *Das Kosmos-Buch der Wildfrüchte*.

auf feuchten Waldlichtungen und an Ufern. Sie dürfen es bestaunen, reißen aber besser keine Teile davon ab. Wenn Kinder im Wald umhertoben, kann es auch schon einmal Wunden geben. Die größten Risiken sind zu vermeiden, wenn Sie nicht zulassen, daß die Kinder mit Stöcken aufeinander losgehen (z. B. „fechten") oder daß sie sich mit irgend etwas bewerfen. Auch wenn Kinder mit einem Stock in der Hand herumrennen und dann stürzen, können sie sich verletzen. Trotz all Ihrer Vorsicht kommt es immer mal zu Hautabschürfungen, Splittern oder Dornen in der Haut, zu Beulen und blauen Flecken. Das gehört zum Kindsein dazu, wie oft haben wir uns früher die Knie aufgeschlagen?

Ein kleines Erste-Hilfe-Paket ist dennoch nützlich: Es sollte Pflaster; ein Verbandpäckchen für schlimmere Wunden; ein paar sterile Kompressen und Wunddesinfektionsmittel enthalten, mit denen Sie Wunden vor Ort reinigen können; eine Splitterpinzette und eine breite Pinzette für Zecken (oder einen Zeckengreifer); eine Packung Taschentücher sowie drei Notrufgroschen für den Fall des Falles. Wahrscheinlich werden Sie das meiste davon niemals brauchen, aber es wiegt ja nicht viel. In zehn Jahren naturpädagogischer Praxis mit unzähligen Gruppen und Schulklassen war mein tragischster Unfall ein abgebrochener Zahn, als zwei Jungen bei einem Spiel mit den Köpfen zusammenstießen.

Wunden sind mit Desinfektionsmittel und sterilen Kompressen zu reinigen, kleine Fremdkörper können Sie mit der Pinzette entfernen. Klaffende Wunden müssen genäht werden (gleich zum Hausarzt oder ins Krankenhaus). In der Wunde feststeckende Fremdkörper ab der Größe eines Eisennagels dürfen Sie nicht selbst entfernen. Decken Sie die Wunde ab, umpolstern Sie dabei den Fremdkörper, und dann ab ins nächste Krankenhaus.

Immer gilt: Wunden müssen sauber abgedeckt werden! Im Boden sind Tetanus-Erreger verbreitet, weswegen Sie auch den Impfschutz Ihrer Kinder überprüfen sollten.

25

Übergriffe auf Kinder müssen Sie nicht befürchten, solange Sie mit ihnen zusammen sind. Finden Ihre Kinder ihren Weg aber auch alleine zu ihrem Platz, dann sollen sie nur zu dritt (gemeinsam mit Klassenkameraden, Geschwister- oder Nachbarkindern) dorthin gehen. Das Risiko von Übergriffen ist in stadtnahen Wald- und Parkgebieten wohl höher als in dörflicher Umgebung. Wenn Sie die Wahl haben, suchen Sie Ihren Platz ein gutes Stück abseits der Parkplätze, Spazierwege und Grillstellen aus. Auch die nähere Umgebung von Waldspielplätzen eignet sich nicht so gut.

All diese Hinweise sollen Ihnen keine Angst machen, sondern Sie mit den wenigen Regeln vertraut machen, die es mit Kindern draußen zu beachten gilt. Viele Eltern wissen die Gefahren in der Natur nicht einzuschätzen und sind übervorsichtig – deswegen wurde hier alles aufgeführt, was für die Sicherheit der Kinder von Bedeutung ist. An mehr brauchen Sie wirklich nicht zu denken. Wenn Sie neben dem Erste-Hilfe-Paket noch ein altes Halstuch zum Spielen, eine Isomatte (oder ein Stück davon) als Sitzunterlage, einen Regenschutz, genug zum Trinken und evtl. ein Butterbrot mitnehmen, dann ist Ihr Natur-Rucksack bestens gepackt.

Drei Wege der Meditation

Viele Menschen erleben in der Natur spontan die Gegenwart von etwas, das über ihr begrenztes Ich hinausweist – etwa beim Anblick eines mit Sternen übersäten Himmels, der großartigen Aussicht von einem hohen Berg, der Begegnung mit den unzähligen Lebewesen im Wald, die alle miteinander im großen Muster des Lebens verbunden sind. Naturerfahrung kann beruhigend, besinnlich, zentrierend wirken. Buddha schickte seine Schüler zum Meditieren in den Wald. Viele von uns haben schon selbst erlebt, daß Aufenthalte in der Natur Kraft, Trost oder Inspiration spenden können. Es scheint, daß Naturerlebnisse eine ausgleichende Wirkung auf das Gemüt haben – sie sind Nahrung für unsere Seele.

Das gilt besonders für Kinder. Naturerfahrung ist das Erleben der unerschöpflichen Vielfalt des Lebendigen. Die Natur lehrt genaues Hinsehen und Hinhören, sie verschafft Kindern elementare Sinnes- und Seinserfahrungen. Die mannigfaltigen Lebensprozesse der äußeren Natur bieten einen Spiegel für das komplexe Innenleben von Kindern, das sie noch nicht mit Worten reflektieren können. Natur zeigt die wechselseitige Bedingtheit von Leben und Tod, die gegenseitige Abhängigkeit aller Lebewesen. Die Natur ist unerschöpflicher Raum für ästhetische und ethische Grunderfahrungen, und sie kann schließlich auch ein Gefühl des Eingebundenseins und der Geborgenheit Kosmos vermitteln.

Spielerische Naturerfahrungen gehörten früher einmal selbstverständlich zum Kinderalltag – noch mehr, sie *waren* der Kinderalltag. Heute gehören Kindheit und Natur nicht mehr wie selbstverständlich zusammen. Naturmeditationen wie hier beschrieben unterstützen Sie dabei, Ihren Kindern dennoch zu heilsamen Naturerfahrungen zu verhelfen.

Der erste Weg der Naturmeditation zielt auf die Fähigkeit, den Geist „einsgerichtet" auf die genaue Wahrnehmung eines einzelnen Phänomens zu lenken. Solche Übungen gibt es in allen spirituellen Traditionen. Es ist die Grundform der Meditation, die hier kindgerecht umgesetzt wird. Der Übende kommt zur Ruhe, das „innere Geplapper" verstummt. Wahrnehmungsfähigkeiten werden geschult, an die Stelle bloß oberflächlichen „Bemerkens" tritt „tiefes Gewahrwerden". Dieser Weg der Naturmeditation heißt: *sich versenken.*

Der zweite Weg heißt: *Zwiesprache.* Noch nicht besonders tiefgehend ist kreative Zwiesprache – aus den im Lebensraum vorhandenen Materialien läßt man sich inspirieren und gestaltet Bilder, Skulpturen o. ä. Ein tieferer Dialog ist direktes Gespräch mit anderen Lebensformen, z. B. einem Baum. Viele von uns haben als Kinder mit Bäumen gesprochen, und ich ging immer zu „meinen" Baum, der mich auch dann verstand, wenn sonst niemand Verständnis für mich hatte. Eine weitere Art des Zwiegesprächs gibt es in der indianischen und buddhistischen Tradition – Übungen zur direkten Einfühlung in andere Lebewesen. Sie gehören zu den tiefgründigsten Möglichkeiten ganzheitlicher Naturerfahrung.

Der dritte Weg der Naturmeditation ist das „*Einssein*" mit allem Leben. Hier geht es um die unmittelbare Erfahrung des Verschmelzens mit Natur, um die Überwindung der trennenden Ich-Schranke wenigstens für Augenblicke. Das sind Momente, die ein Leben verändern können. Kinder haben noch kein so bewußtes Erlebnis von Einssein, es gibt aber hinführende Übungen, die ihnen ein Gefühl der tiefen Verbundenheit mit allem Leben vermitteln.

Sich Versenken

Die hier beschriebenen sieben Übungen sind aus der klassischen Meditation der „Geistesruhe" abgeleitet, wie sie in allen spirituellen Traditionen praktiziert wird. In konventioneller Form läßt man dabei den Geist auf einem Objekt ruhen, ohne von Geräuschen und vor allem von Gedanken abgelenkt zu werden. Wir kennen alle derartige Situationen, etwa bei der Beobachtung eines schönen Sonnenuntergangs: Für wenige Augenblicke verweilt unsere Aufmerksamkeit beim Spiel von Licht und Farben, und dann schweifen wir ab – zu unserem Partner, mit dem wir das jetzt gerne zusammen erleben würden, zum Sonnenuntergang auf Kreta im letzten Jahr, zur überhöhten Zahnarztrechnung am Urlaubsort ... und plötzlich ist die Sonne verschwunden, das Schauspiel vorüber. Wirklich wahrgenommen haben wir es eigentlich nur für wenige Sekunden ...

Kindgerechte Formen dieser Meditation nutzen die Fähigkeit der Kinder, sich in eine Beobachtung völlig zu versenken.

Wie die Schnecke „schneckt" ...

Kinder lieben Tiere. Zugleich sind sie in den modernen Etagenwohnungen der Natur schon so entfremdet, daß Spinnen, Würmer, Käfer, Schnecken etc. häufig Angst und Ekel auslösen. Das läßt sich aber schnell überwinden, wenn Sie solche Tiere ohne Abscheu selbstverständlich anfassen und erklären, daß sie nicht gefährlich sind. Schnell werden Faszination und Entdeckerlust stärker sein als die anfängliche Abneigung. Die Kinder kommen ganz nah heran, gucken, fragen, berühren ... In vielen Büchern (z. B. aus der Reihe *Was ist Was*) wird kindgerecht über das Leben von Käfern, Spinnen, Schnecken usw. informiert.

Nur wenige Tiere eignen sich für eine meditative Beobachtung. Die Schnecken scheinen jedoch wie geschaffen dazu. Die Entdeckung einer Schnecke an Ihrem Platz ist also Anlaß, genau mitzuverfolgen, wie die Schnecke „schneckt": wie sie sich bewegt, wie sie frißt, wie sie auf Schatten, Erschütterung, Berührung reagiert.

Beobachten Sie die Schnecke gemeinsam eine Weile ruhig. Wenn die Aufmerksamkeit nachläßt, dann weisen Sie nach und nach auf Einzelheiten hin, die bei genauem Hinsehen zu entdecken sind:

Ist es eine Schnecke mit Gehäuse, können Sie die Windungen zählen – alte Schnecken können bis zu fünf Windungen aufweisen. Sicher entdecken Sie auch feine Querrillen auf dem Schneckenhaus – das sind die Wachstumsringe: Am Ausgang wächst dem Schneckenhaus ständig ein Stückchen dazu. Schnecken werden in der Natur bis zu 8 Jahre alt! Eine ausgewachsene Schnecke erkennen Sie daran, daß ihr „Hauseingang" nach außen aufgebogen, abgerundet ist, da wachsen dann keine Ringe mehr hinzu.

Auf Erschütterung, Schatten oder gar Berührung reagiert eine Schnecke sehr empfindlich. Sie zieht ihre Fühler ein, verkriecht sich in ihr Haus. Sie müssen ein kleines Weilchen ganz still warten, dann lugt sie wieder hervor. Sie streckt sich, stülpt vorsichtig ihre Fühler aus. An den beiden Fühlerpaaren sitzen die Schneckenaugen sowie Tast- und Riechorgane.

Bei Nacktschnecken (im Wald besonders häufig: die rote Wegschnecke) werden Sie das auffällige Atemloch bemerken. Es sitzt meist auf der rechten Seite und ist kein Mund! Die meisten Verwandten der Wegschnecke leben im Wasser und atmen wie die Fische durch Kiemen – die Wegschnecke aber hat Lungen, wie alle Landschnecken. Bei Gefahr schließt die Wegschnecke das Atemloch sofort und zieht sich zusammen.

Schnecken lieben Blätter (frisch oder vermodernd) und Pilze, manche fressen auch an toten Tieren. So helfen sie bei der Hygiene im Wald. Mit etwas Glück läßt sich beobachten, wie die Schnecke mit ihrer Reibeisen-Zunge an Blättern raspelt oder einen Pilz abschabt.

Wenn Sie auf diese Weise gemeinsam eine Beziehung zu den Schnecken gewonnen haben, geht es nicht mehr an, sie im Garten mit Gift, kochendem Wasser oder gar mit scharfen Messern qualvoll umzubringen. Ein Schneckenzaun oder Holzwolle um die jungen Pflanzen sind ein wirksamer Schutz vor Schnecken, zugleich schonen Sie ihr Leben. Eine Dozentin der Naturschule bepflanzt sogar ein kleines Extra-Beet für die Schnecken, damit sie den Rest in Ruhe lassen – und sie hat Erfolg damit.

Ameisenkribbelkrabbel

Ameisen, besonders Waldameisen, eignen sich ebenfalls gut zur stillen Beobachtung. Wenn Ihnen beim Spaziergang ein Ameisenbau auffällt, lassen Sie sich und Ihrem Kind unbedingt Zeit für das „Ameisenkribbelkrabbel". Vielleicht gibt es ja sogar einen Ameisenhügel nicht weit von Ihrem Platz. Kinder lieben es, auf der Suche nach Neuem ein wenig umherzustreifen und dann zu ihren Entdeckungen immer wieder zurückzukehren, auch zu „ihrem" Ameisenhügel.

Niemand muß Angst vor den Ameisen haben – sie können Menschen nicht sehen (wir sind schlicht zu groß). Sie greifen nur an, wenn man ihren Bau beschädigt oder auf ihrer „Straße" steht. Ameisen reagieren auf Erschütterung. Verhalten Sie sich ruhig und stapfen Sie nicht auf die Erde, dann werden sie überhaupt nichts von Ihnen bemerken. Sie können unbehelligt eine ganze Stunde lang um den Bau herumschleichen.

Unglaublich, das Gewusel auf einem Ameisenhaufen. Wer ganz still ist und den Atem anhält, hört ein feines Knistern von den vielen Bewegungen der zigtausend Beinchen. (Um noch besser zu lauschen, können Sie mit den Händen hinter der Ohrmuschel Ihre Ohren vergrößern). Wieviel Eingänge sind zu entdecken? Bei warmem Wetter sind es übrigens mehr als bei kühlem!

Kinder sind ganz von selbst gefesselt von den vielen Beobachtungen, die sie hier machen können – sie brauchen kaum Anleitung. Wenn ihre Aufmerksamkeit allzu schnell nachläßt, läßt sie sich behutsam lenken: Verfolgen Sie Lastträgerinnen, die sich an ihrer Fracht abschleppen – wie sie z. B. eine Tannennadel, ein totes Insekt oder einen Pflanzensamen den Hügel hinaufschaffen. Welchen Eingang werden sie wohl wählen?

Beobachten Sie die Wächterinnen an einem der Eingänge. Wie prüfen sie die Ameisen, die Einlaß begehren?

Gehen Sie den Ameisenstraßen entlang – wo führen sie hin? Beobachten Sie den „Verkehr" auf der Ameisenstraße, hier tut sich allerhand. Was geschieht, wenn Ihr Kind die Straße mit einem kleinen Hindernis blockiert oder die Duftspur mit dem Finger wegwischt? Werfen Sie ein paar Zucker- oder Brotkrümel auf die Ameisenstraße – was geschieht?

Manche Ameisenstraßen führen an Baumstämmen hoch. Aber was tun die Ameisen auf Bäumen? Sie können das dort beobachten, wo eine Ameisenstraße am Stengel eines Krauts entlang klettert – dort verrichten sie nämlich das gleiche Geschäft wie auf den Bäumen: Die Ameisen laufen bis zu den Blattstielen, und auf denen sitzen hunderte von Blattläusen. Die Ameisen fressen die Läuse nicht etwa, sie melken sie! Mit der Lupe ist zu sehen, wie die Ameisen mit ihren Fühlern auf die Läuse „trillern". Die Läuse geben dann einen Tropfen von dem nährstoffreichen Zuckerwasser ab, das sie mit ihren Stechrüsseln aus der Pflanze saugen. Mit der begehrten Nahrung kehrt die Ameise dann zurück zum Bau. Manchmal sieht man sogar Ameisen, die Blattläuse in ihrem „Maul" tragen, so behutsam wie eine Hundemutter ihre Welpen. Sie bringen die Läuse dann zu einem neuen

Futterplatz. Ameisen „halten" sich Blattläuse, so wie wir Menschen uns Kühe halten. Sie beschützen sie vor Feinden, bringen sie auf die ertragreichsten Bäume oder Kräuter und füttern sie in ihrem Bau sogar durch den Winter.

Sie können beim Beobachten die verschiedenen Berufe im Ameisenstaat herausfinden – es gibt Torwächterinnen und Lastträgerinnen, Baumeisterinnen und Ammen (die sich um Ernährung und Aufzucht der Larven, der kleinen weißen „Ameiseneier", kümmern), Läusemelkerinnen und Soldatinnen, Straßenarbeiterinnen und – Wärmeträgerinnen. Die setzen sich im zeitigen Frühjahr zum Beispiel auf Steine und Wege, tanken Sonne und laufen dann in den Bau, wo sie mit ihrer Körperwärme für alle anderen heizen.

Bevor Sie den Bau wieder verlassen, bedanken sich alle bei den Ameisen für ihre nützliche Arbeit: Sie halten Baumschädlinge in Schach, helfen bei der Bestattung der Tiere im Wald und pflegen die Blattläuse – den Überschuß des Zuckerwassers sammeln dann die Bienen ein, und daraus wird unser leckerer Waldhonig. Ameisen haben aber auch Feinde, z. B. manche Menschen, die ihren Bau rücksichtslos zerstören oder eine Spechtart, die mit ihrem langen Schnabel den Ameisenhügel zerhackt, um die Ameisen zu fressen. Deshalb versprechen wir zum Schluß, den Ameisen niemals zu schaden, sondern ihnen zu helfen. Wer mag, kann auch noch einen Kraftkreis zum Schutz für die Ameisen um ihren Bau ziehen: dazu läuft man in der gleichen Richtung wie die Sonne (also im Uhrzeigersinn) einmal ganz um den Hügel herum und wünscht sich ganz fest, daß es den Tieren hier immer gut gehen möge. Sie stehen dann unter Ihrem Schutz.

Ameisen werden übrigens sechs Jahre alt, die Königin sogar 20 bis 25 Jahre! Wenn Sie also nächstes Jahr wieder hier vorbeikommen, oder im Jahr darauf, sind noch immer viele von den Ameisen am Leben, die Sie jetzt unter Ihren Schutz genommen haben.

Schmetterlinge füttern

Eine andere Art von Tieren, die sich zur meditativen Beobachtung eignet, sind, man glaubt es kaum, die Schmetterlinge. Es braucht natürlich einen Trick dazu. Mischen sie in einem kleinen Marmeladenglas einen „Schmetterlingscocktail": etwas Rum, süßen Sirup, etwas Malzbier und etwas Apfelmus. Sie stellen an einem sonnigen Tag einen runden, leuchtend weißen Teller mitten auf eine Wiese, und legen nun ein mit dem duftenden Cocktail satt getränktes Stück von einem Papiertaschentuch oder einer Serviette darauf. Jetzt legen sich alle neben den Teller ins Gras und warten, was passiert. Alsbald werden Schmetterlinge angelockt, lassen sich auf dem Teller nieder, rollen ihre Saugrüssel aus und halten genüßlich Mahlzeit.

Wolken im Wind, Tanz der Bäume

Legen Sie sich mit Ihrem Kind auf den Rücken ins Gras und beobachten Sie die Wolken. Schauen Sie zu, wie sich ihre Formen ständig verwandeln. Richten Sie Ihre Aufmerksamkeit für eine Weile gemeinsam auf einen ganz bestimmten Wolkenfetzen. Plötzlich wird er riesengroß, oder er löst sich gar in blaue Luft auf… Zum Anfang sollten Sie noch nicht viel darüber reden, sondern einfach nur schauen.

Danach können Sie das alte Spiel spielen, den Formen Namen zu geben – ist das dort nicht ein Krokodil? Und siehst du da den alten Mann mit Hut? Nein – das ist doch ein Seehund!…

Beliebt ist auch die *Phantasiereise mit den Wolken:*

„Ich verzaubere dich jetzt in eine Wolke und puste dich zu den anderen hoch an den Himmel. Pffffff…

Schau hinunter auf die Erde – winzig klein ist alles. Die Wiese ist ein kleines grünes Handtuch…die Bäume nur noch grüne Tupfer... der Bach ein silbrig glänzender Faden, der sich durchs Gelände schlängelt.

Wie ein Flickenteppich sieht unsere Landschaft aus – lauter verschiedene grüne, gelbe und braune Flecken... und dazwischen wie kleine Würfelchen: die Häuser der Menschen; in die Landschaft hineingeschnitten: ihre Autostraßen. Du siehst die Welt wie aus dem Flugzeug.

Jetzt ziehst du mit dem Wind über den Wald hinweg..., über das Nachbardorf... jetzt über die Stadt... über den großen Fluß... und noch weiter... immer neue Landschaften ziehen unter dir hinweg!

Und dann ist da ein großes Gebirge vor dir, riesige, hohe Schneeberge. Der Wind will dich über diese Berge tragen, aber während er dich hochzieht, spürst du es immer schwerer werden in deinem Bauch, immer schwerer... und plötzlich bist du eine dicke graue Regenwolke.

Der graue Nebel verwandelt sich in lauter feine Regentropfen. Die Tropfen werden immer dicker.

Jetzt bist du zu schwer für die Luft – du fällst in vielen tausend Tropfen zu Erde nieder. Du fließt den Berg hinunter, bist jetzt ein Bach... und fließt den ganzen Weg zurück, den du am Himmel entlanggezogen bist.

Und gerade, als du an dieser Wiese vorbei fließt, halte ich die Hand ins Wasser, fasse Dich und verwandele dich... pfffff ... wieder in ein Menschenkind. "

Eine schöne Übung für einen Tag mit windigem Wetter ist der „Tanz der Bäume". Suchen Sie einen Platz mit freiem Blick vom Boden bis in die Kronen der hohen Bäume. Legen Sie sich gemeinsam auf den Rücken (vielleicht auf eine Isomatte) und beobachten Sie nichts weiter als die majestätischen Bewegungen der Bäume im Wind. Sie werden staunen, was da oben alles los ist! Wie bei einem meditativen Tanz wiegen sich die großen Bäume, und Musik gibt es noch dazu!

Mit großen Ohren…

Die Wahrnehmungen aller Sinnesorgane eignen sich zur Meditation, auch die unserer Ohren. Traditionell werden Klangschalen oder Glocken benutzt, aber auch Naturgeräusche sind ein beliebtes Objekt der Meditation, z.B. der Wind, ein Wasserfall, das Murmeln eines Bachs. Kinder können noch nicht so konzentriert auf einen Klang meditieren. Es lassen sich aber einfache Formen der Hörmeditation anleiten:

📖 Alle Kinder schließen die Augen und halten die Faust geschlossen. Sie öffnen statt dessen jetzt ihre Ohren und strecken für jedes verschiedene Geräusch, das sie hören, einen Finger. Erst wenn sie fünf (bei Schulkindern alle zehn) Finger gestreckt haben, dürfen sie die Augen wieder öffnen. Jetzt hat jeder mindestens eine ganze *Hand voller Geräusche* – können alle anderen diese Geräusche auch hören?

📖 Die nächste Hörmeditation, die Sie ein anderes Mal anbieten, ist die **Geräusche-Landkarte**. Dazu braucht jeder einen Bleistift oder Kugelschreiber und ein mindestens postkartengroßes Stück Karton. Dieser Karton wird jetzt zu einer besonderen Landkarte: einer Geräusche-Landkarte. (Manche Tiere haben solche Geräusche-Landkarten tatsächlich in sich, die ihnen bei der Orientierung helfen.) Setzten Sie sich etwas entfernt voneinander hin und spitzten Sie jetzt die Ohren. Für jedes Geräusch, das Sie hören, malen Sie ein entsprechendes Zeichen in Ihre Karte, das die Art des Geräusches, seine Richtung und Entfernung ungefähr wiedergibt. Nach 15–20 Minuten können Sie sich ihre Karten gegenseitig zeigen.

📝 Die schwierigste Stufe der Hörmeditation (wiederum für ein anderes Mal): Setzen Sie sich für 15–20 Minuten etwas entfernt voneinander nieder, so daß niemand im Blickfeld des anderen ist. Dann öffnen alle die Ohren..., stellen sich vor, die Ohren seien so groß wie Scheunentore. Und noch größer, sie werden immer weiter, und schließlich umhüllen sie den ganzen Wald. Jetzt horchen Sie dahinein – was ist das **leiseste Geräusch**, das Sie noch hören können?

Naturgeschichten

Eine bei uns fast vergessene Art der Hörmeditation: Zuhören. In vielen Waldorfschulen gibt es noch jede Woche eine Vorlesestunde. Interessant ist, welche Mühe die Kinder heute haben, sich aufs Zuhören zu konzentrieren (während sie problemlos Stunden vor dem Fernseher verbringen können). Dabei ist es eine so gute Übung Geschichten oder Märchen zu hören – sie schult nicht nur Konzentrationsfähigkeit, sondern fördert auch Phantasie und Vorstellungsvermögen. Gute Geschichten tragen nicht zuletzt auch zur Herzensbildung bei: Wer möchte sich nicht mit dem rechtschaffenen Helden identifizieren, der aus Mitgefühl für Menschen und Tiere handelt, selbst wenn er dafür auf Macht oder Reichtum verzichten muß? Kinder brauchen Märchen, in denen „Gut und Böse" noch eindeutig erkennbar sind.

Die Grimmschen Märchen sind ein Schatz, den es den Kindern zu vermitteln lohnt. Viele davon haben auch einen direkten Bezug zur Natur: Sie spielen im Wald oder Bäume, Tiere und Blumen spielen zumindest eine wichtige Rolle. Besonders geeignet (und wenig bekannt) sind: *Die Alte im Wald; Der Zaunkönig; Die zwei Brüder; Die Bienenkönigin; Der Rabe; Der Krautesel; Das Waldhaus; Die Hochzeit der*

Frau Füchsin.[6] Wunderschöne Märchen und Tiergeschichten hat auch Manfred Kyber gedichtet. Sie zielen auf Liebe für alle Mitgeschöpfe – z. B. *Die Haselmaushochzeit; Stumme Bitten; Auf freiem Felde; Alräunchen; Mutter; Heldentum; Nachruhm; Das Land der Verheißung; Der Giftpilz; Ratzepatz; Der Meisterkelch.*[7] Sicher kennen Sie selbst noch andere Naturgeschichten, vielleicht noch aus Ihrer eigenen Kindheit.

Bereiten Sie sich auf das Märchenerzählen vor: Lesen Sie das Märchen zuvor und überlegen Sie, wie Ihr Platz einbezogen werden kann: Gibt es vielleicht einen Eingang in die Märchenwelt, durch den Sie erst alle hindurchmüssen? Hat sich unter einem Ihrer Bäume eine Szene aus dem Märchen zugetragen, und wo hat die Fee gestanden? Vielleicht gibt es Requisiten aus der Erzählung, die Sie unter einem Tuch verbergen und an entsprechender Stelle enthüllen, oder die Kinder suchen in der Umgebung ihres Platzes danach…

Schön ist auch, wenn Sie an Ihrem Platz eine Märchenecke haben, wo Sie es sich immer dann gemütlich machen, wenn es eine Geschichte zu erzählen gibt. Sammeln Sie einen großen Haufen Reisig und schichten Sie es matratzenartig auf – das gibt ein weiches, trockenes **Waldsofa** für alle Jahreszeiten!

Die Geschichte vom Salomonsiegel (Weißwurz)

Findet sich an Ihrem Platz ein Exemplar des Salomonsiegels, dann ist dieser Platz ein besonderer. Das Salomonsiegel ist mit dem Bärlauch und dem Maiglöckchen verwandt, seine

---

[6] Solche weniger bekannten Märchen finden sich in Gesamtausgaben der Gebrüder Grimm, die es auch als praktisches Taschenbuch für den Rucksack gibt.
[7] Manfred Kybers Märchen und Tiergeschichten werden herausgegeben als *Das Manfred Kyber Buch.*

Blätter sehen diesen ähnlich, und es hat ebenfalls weiße Blüten. Die Blätter sitzen jedoch wechselständig an einem langen Stiel, an dem entlang auch die Blüten wie weiße Tropfen herunterhängen. Die seltene „wenigblütige Weißwurz" ist das märchenhafte Zauberkraut, mit dem sich alle Tore öffnen lassen und das Wasser aus Felsen hervorzaubern läßt. Aber auch die häufigere vielblütige Weißwurz hat ein Geheimnis: ihre Wurzel ist weiß und sieht aus wie eine Reihe von Siegelringen: jedes Jahr kommt ein neuer Sproß aus der Wurzel, sie wächst gleichzeitig im Boden ein Stück weiter nach vorn. Die Stellen, aus denen die Sprosse der vergangenen Jahre kamen, verbleiben als Verdickungen mit einem knotigen Eindruck, dem Salomonsiegel, am hinteren Ende der Wurzel. So „bewegt" sich die Wurzel Jahr für Jahr weiter durchs Erdreich, die Weißwurz erblüht in jedem Jahr also ein Stückchen versetzt. Auf diese Weise kann sie hunderte Jahre alt werden!

Ähnlich bewegt sich die Legende vom Salomonsiegel von Generation zu Generation, ohne daß ihr Ursprung zu ergründen wäre. Folgende Fassung kam über den Freiburger Naturforscher Konrad Guenther zu meiner Wald-Lehrerin, Sigrid Lechner-Knecht, die sie den Kindern folgendermaßen erzählte:

Eines Tages fuhr König Salomon in der Kutsche durch sein Reich, gezogen von sieben weißen und sieben schwarzen Pferden. In einem Wald bemerkte er plötzlich ein seltsames Blitzen, ein Funkeln und Glimmen. Er ließ die Kutsche anhalten, stieg aus und ging auf das Funkeln zu. Dort lag auf dem Boden des Waldes ein weißer, leuchtender Stein. König Salomon hob ihn auf und nahm ihn mit nach Hause in seinen Palast. Dort wies er den Goldschmied an, den Stein in einen Ring zu fassen. Von dem Augenblick an, da er den Ring trug, regierte König Salomon als weiser und gerechter Herrscher. Er war gütig gegenüber allen lebenden Wesen und wurde berühmt für seine Urteilskraft.

Denn ohne es zu wissen, hatte König Salomon den Stein der Weisen gefunden.

Als er nach vielen Jahren nun in das Alter kam, da es ans Sterben ging, wußte er nicht, welchem seiner sechs Söhne und sechs Töchter er den Ring mit dem seltsamen Stein vermachen sollte. Ein letztes Mal kam er zu einem salomonischen Ratschluß: Er ließ den Goldschmied zwölf Ringe machen, die genauso aussahen wie sein Zauberring. Sie waren diesem so ähnlich, daß Salomon selbst sie nicht hätte vom echten Ring unterscheiden können.

Als er nun auf dem Sterbebett lag, rief Salomon jedes seiner zwölf Kinder eines nach dem anderen zu sich. Zuerst verlangte er nach dem ältesten, gab ihm einen der zwölf nachgemachten Ringe und sprach zu ihm, daß es ihm das liebste Kind sei und deshalb den Ring erbe. Es solle aber niemanden davon erzählen, damit keines der Geschwister neidisch werde. Ebenso verfuhr er mit dem zweitältesten Kind, dem drittältesten und so weiter bis zum jüngsten.

Den echten Ring mit dem Stein der Weisen aber nahm König Salomon mit in sein Grab. Und als sein Sarg mit Erde bedeckt wurde, da sprang der Stein in viele tausend Stücke, die weit durch das Erdreich flogen. Überall, wo ein Splitter von dem Stein dann stecken blieb, wächst heute ein Salomonsiegel, eine Weißwurz – in jeder ist ein feiner Splitter vom Ring des König Salomon enthalten.

Die Alte im Wald

Ein Volksmärchen, aufgeschrieben von den Gebrüdern Grimm:

Es fuhr einmal ein armes Dienstmädchen mit seiner Herrschaft durch einen großen Wald, und als sie mitten darin waren, kamen Räuber aus dem Dickicht hervor und ermordeten, wen sie fanden. Da kamen alle miteinander um bis auf das Mädchen, das war in Angst aus dem Wagen

40

gesprungen und hatte sich hinter einem Baum verborgen. Wie die Räuber mit ihrer Beute fort waren, trat es herbei und sah das große Unglück. Da fing es an bitterlich zu weinen und sagte: „Was soll ich armes Mädchen nun anfangen, ich weiß mich nicht aus dem Wald herauszufinden, keine Menschenseele wohnt darin, so muß ich gewiß verhungern."

Es ging herum, suchte einen Weg, konnte aber keinen finden. Als es Abend war, setzte es sich unter einen Baum, befahl sich Gott und wollte da sitzen bleiben und nicht weggehen, möchte geschehen, was immer wollte. Als es aber eine Weile dagesessen hatte, kam ein weißes Täubchen zu ihm geflogen und hatte ein kleines goldenes Schlüsselchen im Schnabel. Das Schlüsselchen legte es ihm in die Hand und sprach: „Siehst du dort den großen Baum, darin ist ein kleines Schloß, das schließ mit dem Schlüsselchen auf, so wirst du Speise genug finden und keinen Hunger mehr leiden."

Da ging es zu dem Baum und schloß ihn auf und fand Milch in einem kleinen Schüsselchen und Weißbrot zum Einbrocken dabei, daß es sich satt essen konnte. Als es satt war, sprach es: „Jetzt ist es Zeit, wo die Hühner daheim auffliegen; ich bin so müde, könnt ich mich doch auch in mein Bett legen." Da kam das Täubchen wieder geflogen und brachte ein anderes goldenes Schlüsselchen im Schnabel und sagte: „Schließ dort den Baum auf, so wirst du ein Bett finden." Da schloß es auf und fand ein schönes weiches Bettchen – da betete es zum lieben Gott, er möchte es behüten in der Nacht, legte sich und schlief ein.

Am Morgen kam das Täubchen zum dritten Mal, brachte wieder ein Schlüsselchen und sprach: „Schließ dort den Baum auf, da wirst du Kleider finden", und wie es aufschloß, fand es Kleider mit Gold und Edelsteinen besetzt, so herrlich, wie sie keine Königstochter hat.

Also lebte es da eine Zeitlang, und kam das Täubchen

alle Tage und sorgte für alles, was es bedurfte, und war das ein stilles, gutes Leben.

Einmal aber kam das Täubchen und sprach: „Willst du mir etwas zuliebe tun?" – „Von Herzen gerne", sagte das Mädchen. Da sprach das Täublein: „Ich will dich zu einem kleinen Häuschen führen, da geh hinein, mittendrein am Herd wird eine alte Frau sitzen und ,guten Tag' sagen. Aber gib ihr beileibe keine Antwort, sie mag auch anfangen, was sie will, sondern geh zu ihrer rechten Hand weiter, da ist eine Türe, die mach auf, so wirst du in eine Stube kommen, wo eine Menge von Ringen allerlei Art auf einem Tisch liegt, darunter sind prächtige mit glitzernden Steinen, die aber laß liegen und suche einen schlichten heraus, der auch darunter sein muß, und bring ihn zu mir her, so geschwind du kannst."

Das Mädchen ging zu dem Häuschen und trat zu der Türe ein. Da saß eine Alte, die machte große Augen, wie sie es erblickte und sprach: „Guten Tag, mein Kind." Es gab ihr aber keine Antwort und ging auf die Türe zu. „Wo hinaus?" rief sie und faßte es beim Rock und wollte es festhalten, „das ist mein Haus, da darf niemand hinein, wenn ich's nicht haben will." Aber das Mädchen schwieg still, machte sich von ihr los und ging gerade in die Stube hinein. Da lag nun auf dem Tisch eine übergroße Menge von Ringen, die glitzerten und glimmerten ihm vor den Augen; es warf sie herum und suchte nach dem schlichten, konnte ihn aber nicht finden. Wie es so suchte, sah es die Alte, wie sie daherschlich und einen Vogelkäfig in der Hand hatte und damit fortwollte. Da ging es auf sie zu und nahm ihr den Käfig aus der Hand, und wie es ihn aufhob und hineinsah, saß ein Vogel darin, der hatte den schlichten Ring im Schnabel. Da nahm es den Ring und lief ganz froh damit zum Haus hinaus und dachte, das weiße Täubchen würde kommen und den Ring holen, aber es kam nicht.

Da lehnte es sich an einen Baum und wollte auf das

Täubchen warten, und wie es so stand, da war es, als würde der Baum weich und biegsam und senkte seine Zweige herab. Und auf einmal schlangen sich die Zweige um es herum und waren zwei Arme, und wie es sich umsah, war der Baum ein schöner Mann, der es umfaßte und herzlich küßte und sagte: „Du hast mich erlöst und aus der Gewalt der Alten befreit, die eine böse Hexe ist. Sie hatte mich in einen Baum verwandelt, und alle Tage ein paar Stunden war ich eine weiße Taube, und solang sie den Ring besaß, konnte ich meine menschliche Gestalt nicht wieder erhalten." Da waren auch seine Bedienten und Pferde von dem Zauber frei, der auch sie in Bäume verwandelt hatte, und standen neben ihm. Da fuhren sie fort in sein Reich, denn er war eines Königs Sohn, und sie heirateten sich und lebten glücklich.

Warum die Eichen im Winter ihre Blätter behalten

Zu der Zeit, als das Christentum gerade nach Deutschland kam, also im ganz frühen Mittelalter, da hat sich hier im Wald folgende Geschichte zugetragen:

Ein junger Bauer aus dem Dorf war mächtig verliebt, ausgerechnet in ein Mädchen aus wohlhabendem Haus. Das Mädchen freute sich auch heimlich darüber, denn es mochte den Bauern, er war ein anständiger Kerl, ehrlich und gradheraus. Aber wie es zu jener Zeit war, die Bauern waren arm, und er hatte kein Geld, sie zu heiraten. Deshalb war er sehr traurig. Er kam Tag für Tag hierher in den Wald, setzte sich unter eine große, alte Eiche und weinte, denn er war so sehr verliebt.

Eines Tages, als der Bauer einmal wieder so dasaß, kam ein seltsames Wesen durch diesen Wald – es war rabenschwarz, halb Mensch, halb Tier, hatte Hörner auf dem Kopf und stank gräßlich nach Schwefel. Richtig – das war der Teufel. Er wanderte durch die neuen Lande, in denen er bald viele neue Seelen finden wollte – denn mit dem Christentum kam auch der Teufel zu uns. Wie er den Bauern entdeckte, frohlockte der Teufel – dieser arme Kerl sah aus, als könnte er sein erstes Opfer werden.

„Guten Tag", sagte der Teufel, „warum so traurig an diesem schönen Frühlingsabend?"

Der Bauer, der den Teufel noch nicht kannte, hatte gar keine Angst und antwortete: „Was ist das schönste Sonnenlicht, wenn das Leben von Kummer verdunkelt ist?" Und er erzählte dem Teufel von seiner Not, das liebe Mädchen nicht heiraten zu können.

„Da kann ich Dir helfen…", bot sich der Teufel an und rieb sich die Hände, „Geld und Gut sollst Du haben, soviel es dir beliebt. Aber soll der Handel stimmen, mußt du mir deine Seele versprechen!" Der Bauer freute sich so sehr über das unverhoffte Glück, daß er den zweiten Teil des Handels fast überhört hätte – aber dann zögerte er doch: „Meine Seele… aber werde ich die denn nicht brauchen, um zu heiraten?"

„Nun denn", antwortete der Teufel, „mit deiner Seele muß es nicht so eilig sein. Wenn der Herbst gekommen ist und in diesem Wald keine Blätter mehr an den Bäumen hängen, dann komme ich deine Seele holen." Der Bauer willigte ein… bis zum Herbst war ja noch Zeit, und lieber wollte er einen glücklichen Sommer verleben als ein ganzes unglückliches Leben. Unter der großen Eiche schlossen sie mit Handschlag den Vertrag.

Wenige Tage darauf verstarb der reiche Oheim des Bauern, und weil der keine Kinder hinterließ, erbte unser Bauer den Hof und alles Vieh sowie eine stattliche Zahl von Münzen. Nach der gebührenden Zeit der Trauer wurde eine große Hochzeit gehalten, und unser Bauer führte seine schöne Braut endlich in ein stattliches Heim. Er war überglücklich, und auch sie war's hochzufrieden. Die beiden hatten es fortan gut miteinander.

Der Sommer verging mit schönen Tagen und Nächten, und als die Kraft der Sonne im September nachließ, erinnerte sich der Bauer wieder an den zweiten Teil des Handels. Da er seiner Frau nicht eingestehen wollte, mit wem er sich ihretwegen eingelassen hatte, ging er wieder in den Wald zu seiner alten Eiche. In einer schweren Stunde vertraute er sich der Eiche an und bat um Hilfe.

Die Eiche hatte den schwefeligen Kerl von Anfang an nicht gemocht, ihr schwante wohl nichts Gutes dabei, als der so siegesgewiß durch die neuen Lande zog. Also wollte sie dem Bauern beistehen und dem Teufel eins auswischen.

Im Oktober kam der Teufel wieder in die Gegend, er wollte die erste Seele abholen, die er hier zu gewinnen hoffte. Viele Blätter waren schon bunt, die Pappeln ließen ihre Blätter schon fallen, auch Ahorn, Birken und Linden würden bald kahl sein. Der Teufel rieb sich die Hände.

Im November, als der Wald schon kahl war, kam er zu der alten Eiche, um seinen Handel einzulösen, aber der Bauer war nicht da. Da eilte der Teufel zum Hof des glücklichen Ehemannes, um ihn von dort zu holen. Der Bauer aber berief sich auf den Vertrag: „Wenn der Herbst gekommen ist und in diesem Wald keine Blätter mehr an den Bäumen hängen, dann bekommst du meine Seele. Hast du nicht bemerkt, daß an der Eiche immer noch einige Blätter hängen?"

Der Teufel eilte zurück in den Wald – und tatsächlich, an der Eiche hingen braune, vertrocknete Blätter, die nicht zu Boden gefallen waren. Zu Füßen der Eiche taten es sogar einige Jungbuchen in keckem Stolz genauso – in ihren trockenen, eingerollten Blättern an den Zweigen hatten sich sogar schon kleine Tierchen für den Winter eingerichtet. „Dich krieg ich noch", zischte der Teufel und verschwand.

Im Dezember kam der Teufel wieder und brachte einen Vetter mit – einen gewaltigen Sturm. Der zerrte und riß an der Eiche, doch die hielt trutzig stand. Sie hatte schon anderes überstanden, die Blätter blieben fest.

Im Januar versuchte der Teufel es mit einem anderen Trick – gleich zwei Meter dick ließ er Schnee auf den Wald nieder, doch das focht die Eiche nicht an. Die alten germanischen Götter hatten noch ganz anderes auf Lager gehabt zu ihrer Zeit...

Im Februar versuchte der Teufel es mit eisigem Frost. Aber auch das konnte die starke Eiche nicht erschüttern, sie hielt an ihren Blättern standhaft fest.

Im März kam der Teufel auf eine neue List: wochenlang ließ er warme Sonne auf den Wald scheinen, die Tiere erwachten aus dem Winterschlaf. Aber Eichen können abwarten. Wer 1000 Jahre alt werden kann, so wie eine Eiche, der hat keine Eile. Sie ließ die alten Blätter nicht los, so sehr der Teufel auch zürnte.

Im April besuchte der Teufel ein letztes Mal den Wald. Als der Frühlingswind an der alten Eiche vorbeiwehte, da fielen raschelnd all die zerzausten, braunen Blätter zu Boden! Der Teufel frohlockte und eilte gleich zum Hof des Bauern, um dessen Seele endlich zu holen. Er fuhr holterdipolter durch den Keller mit Blitz, Rauch und Schwefel in die Stube hinauf, packte den sterbensbleich Erschreckten am Kragen und zog ihn im wilden Galopp in den Wald. An der alten Eiche angekommen zeigte er ihm ihre kahlen Äste, sie hatte jetzt alle Blätter verloren! Dem Bauern wurde ganz bang zumute, denn sein letztes Stündchen schien zu schlagen... aber da sah er zartes Grün an den Zweigen der Birken, der Pappeln, Buchen und Erlen. Mutig berief der Bauer sich auf den Vertrag, in dem abgemacht war, daß er seine Seele dann dem Teufel schulde, wenn im Wald keine Blätter mehr an den Bäumen seien. Aber da waren ja Blätter.

In wildem Zorn ließ der Teufel den Bauern fahren, kletterte geschwind die Eiche herauf und zerhackte mit seinen Krallen all die Knospen, in denen sich neue, junge Blätter verbargen.

Seitdem trägt das etwas fleddrige Eichenlaub die Spuren der Teufelskrallen.

Und damit dem Teufel ja keine Seele aus unserer Gegend zufällt, behalten Jahr für Jahr die Eichen und die jungen Buchen ihr trockenes Laub durch den ganzen Winter hindurch fest an ihren Zweigen.

Das Märchen von den Douglasienzapfen

Douglasien sind Nadelbäume, die einst auch in unseren Wäldern heimisch waren, die letzte Eiszeit jedoch nicht überlebt haben. Aus den Indianergebieten im Nordwesten Amerikas kehrte sie zu Beginn unseres Jahrhunderts zu uns zurück. Douglasien haben dunkelgrüne weiche Nadeln, die flach sind und spitz zulaufen. Auf ihrer Unterseite finden sich zwei silberne Streifen, wie bei unserer heimischen Weißtanne. Die Nadeln der Douglasie sind aber viel weicher, Tannennadeln haben außerdem eine abgerundete Spitze mit einer kleinen Kerbe. Douglasiennadeln riechen intensiv nach Zitrone, wenn Sie sie zerreiben. Auf der Rinde finden sich unzählige kleine höckrige Erhebungen, die sich mit einem Stöckchen öffnen lassen – heraus tropft dünnflüssiges Harz mit würzigem Zitronenaroma. (Kinder lieben dieses „Waldparfüm"!) Unverkennbar sind die Douglasienzapfen – aus ihren Schuppen lugen lauter kleine Schwänzchen, und um diese dreht sich die folgende Geschichte, die wir von den Indianern kennen:

Wie jedes Jahr und wie jeder Baum hatte sich auch die Douglasie den ganzen Sommer über viel Mühe damit gegeben, lauter gesunde Samen hervorzubringen, denn, wie ihr wißt, wachsen daraus ja die neuen Bäume.

Im Sommer und Herbst verteilen die Bäume ihre Samen über die Erde ... der Ahorn und die Birke vertrauen sie dem Wind an; Eiche und Buche schenken sie in großer Zahl den Tieren, damit diese nicht alle aufessen, sondern auch welche in der Erde vergraben; die Erle schickt sie auf Reise in Bach und Fluß.

Eines Morgens, als die Douglasie ihre Samen zur Erde werfen wollte, erschrak sie heftig – all die schönen Zapfen waren leer, irgend jemand hatte die Samen daraus gestohlen! Die Arbeit eines ganzen Sommers war umsonst gewesen! „Das passiert mir nicht noch einmal…", versprach sich die Douglasie, das nächste Mal wollte sie besser aufpassen!

Der Herbst kam, danach der Winter und dann das Frühjahr. Die Douglasie erwachte aus der Winterruhe, streckte sich, wuchs ein Stück, und den ganzen Sommer über sammelte sie die Kraft der Sonne für ihre Kinder, die Samen. Die verbarg sie wie üblich unter den Schuppen der Zapfen und wartete auf den Tag, da sie reif sein würden, um zur Erde zu fallen. Aber was war das – eines Morgens, da waren sie wieder alle weg!

Im nächsten Jahr, als die Samen aufs neue reif genug waren, blieb die Douglasie Nacht für Nacht auf Lauer. Dieses mal sollten die Diebe kein so leichtes Spiel mit ihr haben. Und eines Nachts, kribbel-krabbel kribbel-krabbel, fühlte die Douglasie, wie sich Tausende kleiner Füßchen ihren Stamm entlang hochpirschten, und wie Tausende kleiner Körper neugierig unter die Zapfen krochen und gierig nach den Samen schnupperten.

SCHNAPP – da schloß die Douglasie alle ihre Zapfen auf einmal, und die Räuber saßen in der Falle. Alles es hell wurde, konnte man sehen, wer den Diebstahl begangen hatte – ein ganzes Mäusevolk! Ihre Hinterteile mit Beinen und Schwänzchen guckten aus den zugeschnappten Zapfen, und Tausende kleiner Mäuschen versuchten verzweifelt, wieder freizukommen. Die Douglasie ließ sie erst frei, nachdem die Mäuse versprochen hatten, nur den Teil der Samen zu nehmen, der ihnen zustand, und nicht einfach alles wegzustehlen.

Zur Warnung gegen solchen Diebstahl sieht man bis heu-
te aus jedem Douglasienzapfen die Hinterteile der gefaßten
Mäuseräuber zappeln ...

Mit verbundenen Augen

Wir orientieren uns überwiegend mit Hilfe unserer Augen,
alle anderen Sinneseindrücke nehmen wir nur zweitrangig
wahr. Deswegen ist es eine besondere Erfahrung, sich einmal auf den Tastsinn einzulassen. Dieser Sinn ist nicht so
distanziert wie das Sehen, die Begegnung mit Natur ist hier
sehr unmittelbar. Es gibt viele verschiedene Übungen mit
verbundenen Augen. Alle haben eine besinnliche Atmosphäre, dazu einen Aspekt von Zärtlichkeit: Der Sehende
hält seinen blinden Partner an den Händen oder im Arm und
führt ihn behutsam Schritt für Schritt durch den Wald.

Mit den Füßen sehen*: Sie und Ihr Kind ziehen Schuhe
und Strümpfe aus, Ihr Kind bekommt die Augen verbunden. Dann führen Sie es barfuß durchs Gelände –
über seidiges Buchenlaub, feuchte Erde, hohes Gras,
feuchtes Moos, sonnenwarme Steine, rutschiges Ufer
... Führen Sie es im Kreis wieder zum Ausgangspunkt
zurück, drehen es ein paarmal um die eigene Achse
und nehmen Sie ihm die Augenbinde wieder ab. Jetzt
versucht es mit offenen Augen den Weg zu finden, den
Sie gemeinsam gegangen sind. Anschließend tauschen
Sie die Rollen – jetzt führt Ihr Kind Sie umher!

Ist mehr als ein Kind dabei, dann werden alle Kinder
zur **blinden Raupe**: Barfuß mit verbunden Augen stehen sie hintereinander, das kleinste vorne, das größte
hinten. Die Hände legen sie auf die Schultern des vor
ihm stehenden Kindes und halten sich dort fest. Sie
selbst sind der Kopf der Raupe mit den Augen und ge-

hen jetzt los: Führen Sie die Gruppe wie oben beschrieben durch das Gelände.

🍃 **Baum-Memory**: Das ist ein Partnerspiel – der sehende Partner führt den Blinden über allerlei Hindernisse zu einem Baum. Diesen Baum muß der blinde Partner dann möglichst gründlich ertasten und sich einprägen. Über einen verworrenen Weg geht es dann zurück zum Ausgangspunkt. Der blinde Partner wird einige Male um seine eigene Achse gedreht, bevor ihm die Augenbinde abgenommen wird. Jetzt darf er seinen Baum suchen...
Anschließend wird wieder getauscht.

🍃 **Fingermensch**: Sagen Sie Ihrem Kind, daß Sie ihm nun etwas zeigen wollen, das es noch nie gesehen hat. Sie nehmen ein Zaubertuch, lassen es über seinen Kopf fallen, und während eines Zauberspruchs wird eine Augenbinde aus dem Tuch:
   „Schwarzwaldschrat und Donnerwetter, Kuckucksholz und Bärendreck – du bist jetzt ein Fingermensch!"
Fingermenschen sehen nicht mit ihren Augen, sie „sehen" mit den Fingern. Jetzt führen Sie Ihren kleinen Fingermenschen durch das Gelände und zeigen seinen Fingern lauter Sachen, die er noch nie zuvor „gesehen" hat: weiches Moos, stachlige Ilex, pelziges Haselnußblatt, Beinwell-Schmirgel, spitze Buchenknospen, nasse Erde, harten Stein, zerfurchte Rinde, morsches Holz, feuchte Pilze, zarte Kleeblätter, scharfes Gras, kaltes Wasser... und zum Schluß vielleicht ein Stück Schokolade – die Augenbinde entfernen Sie noch nicht! Führen Sie Ihr Kind zu einem Platz, wo es etwas besonders Schönes anzusehen gibt, etwas, das beeindruckend und ungewohnt ist wie z. B. der Blick an einem hohen Baumstamm hinauf, wenn es mit dem

Kopf direkt an dessen Wurzeln liegt. Dann sprechen Sie wieder den Zauberspruch:

„Schwarzwaldschrat und Donnerwetter, Kuckucksholz und Bärendreck – das Augenlicht ist dir zurückgeschenkt!"

Mit dem letzten Wort entfernen Sie die Binde und genießen das Leuchten in den Kinderaugen, wenn sie den Stamm hinauf in den weiten Himmel blicken.

Danach kann das Kind all die Gegenstände suchen, die es zuvor „noch nie gesehen" hat, und zuletzt tauschen Sie die Rollen – jetzt werden Sie selbst zum Fingermenschen!

Führen Sie immer nur eine der Übungen mit verbundenen Augen auf einmal durch, dann kann jede Übung für sich eine tiefe Wirkung entfalten.

Es gibt verwandte Übungen, die Sie mit den Übungen mit verbundenen Augen kombinieren (d. h. vorher oder nachher durchführen) können:

Mikroskop. Im Mikroskop werden kleine Dinge groß, und wir benutzen hier ein spezielles Öko-Mikroskop. Die einfachste Bauart des Mikroskops hat jeder immer schon dabei: Es ist die zu einem Guckloch verformte Hand, durch die man wie durch eine Papierrolle hindurchschauen kann. Sie können auch ein Blatt Papier zu einer Guckröhre zusammenrollen oder eine leere Rolle Küchen- oder Toilettenpapier als Guckrohr verwenden.

Der Blick durch eine solche Röhre macht kleine Dinge groß. Verfolgen Sie von der äußersten Blattspitze z. B. eines Holunderstrauchs den Weg „nach innen", den Blattrand entlang zum Blattstiel, zum Stengel, zum Zweig, zum Ästchen und weiter zum Ast … bis zum Stamm und hinunter zum Boden, wo der Stamm in der Erde verschwindet.

Oder beobachten Sie ein kleines Tier, wie es durch seine kleine Welt krabbelt. Oder Sie markieren mit 1–2 m Bindfaden den Pilgerweg eines Käfers, den die Kinder mit ihrem „Mikroskop" entlangrobben. Oder sie entdecken ein aufregendes Mini-Abenteuerland, z. B. auf einem vermodernden Baumstamm.

Fotograf und Kamera. Mit dem Zaubertuch verwandeln Sie Ihr Kind in eine bewegliche Kamera: Es hat die Augen geschlossen (zur Not verbunden), und so führen Sie es von Motiv zu Motiv. Motive sind besondere Dinge auf Ihrem Gelände – eine Schar kleiner Pilze auf dem Baumstumpf, ein Strudel im Bach, leuchtend grüne Kleeblätter auf schwarzfeuchter Erde… Vor einem solchen Motiv bringen Sie die „Kamera" in Stellung, d. h. den Kopf nah genug heran und richten ihn aus (vielleicht muß das „Laufgestell" dazu „einklappen"). Dann ziehen Sie für drei Sekunden an den Ohrläppchen – klick! – die Augen gehen auf, der Film wird belichtet, und dann lassen Sie die Ohrläppchen los – klick! – die Augen fallen wieder zu. Und auf zum nächsten Motiv…

Mit Kindern bis zu sechs Jahren sammeln Sie drei, mit Schulkindern höchstens vier Motive. Danach können Sie die Rollen tauschen.

Zuhause kann das schönste der Fotos dann entwickelt werden – jeder malt ein Bild davon!

Zwiesprache

Hier geht es um unmittelbare Begegnung mit Natur auf verschiedenen Ebenen:

- Sinneserlebnisse und motorische Erfahrungen vermitteln „erdende" Impulse: Die Kinder werden mit ihrem Körper, seinen Fähigkeiten und seiner natürlichen Umgebung vertraut. Sie lernen, sich in ihrem Körper und in der heimatlichen Landschaft als natürlichem Zuhause wohlzufühlen.

- Die Natur als Spielplatz mit vielen unterschiedlichen Materialien und unerschöpflichen Möglichkeiten regt die Phantasie an, sie weckt kreative Potentiale und ästhetisches Empfinden.

- Direkte Zwiesprache mit den Lebewesen öffnet schließlich für eine ethische Grunderfahrung: Alle anderen Lebewesen sind genauso wie wir, sie suchen Glück und wollen Leid vermeiden. Sich in anderes Leben einfühlen zu können, ist die Grundlage aller Menschenbildung. Ohne die Qualität des Mitgefühls ist keine Gesellschaft und auch kein ökologisches Überleben möglich.

Baumgeburtstag

Hat Ihr Kind schon „seinen" Baum, den es zur Begrüßung und zum Abschied an Ihrem Platz regelmäßig aufsucht? Heute ist ein besonderer Tag, denn heute hat der Baum Geburtstag.

Wie alt er wohl wird? Eine dicke Buche kann schon hundert Jahre alt sein, eine mittelgroße Kirsche leicht 50 Jahre, eine jugendliche Birke vielleicht erst 20 Jahre. Was hat er in seiner Lebenszeit schon alles erfahren? Aus welchem Samen ist er gewachsen? (Eine sehr gute Hilfe zum Bestimmen von Bäumen, Blüten, Samen und Keimlingen: *„Bäume und Sträucher des Waldes"* von Gottfried Amann, Melsungen 1988.) Vielleicht können Sie seine Mutter oder Geschwister entdecken (Bäume von der gleichen Art). Was erzählen die Male an seiner Rinde, abgebrochene Äste, seine Wuchsform von seinem Leben? Was könnte schon alles hier um ihn herum passiert sein? Bei all dem zählt nicht so sehr naturkundliche Spitzfindigkeit, sondern Ihre Vorstellungskraft!

Da sind die Spuren der Waldarbeiter, die vor vielen Jahren einen anderen Baum aus dem Wald gezerrt haben – die vorbeischleifenden Ketten und Seile haben Wunden in die Rinde gerissen. Buchen bekommen gelegentlich auch einen „Sonnenbrand" (die Rinde platzt flächig ab, darunter setzen sich Pilze fest), wenn das dichte Blätterdach in der Nähe plötzlich aufgerissen wird, sei es durch Holzfäller oder weil andere Bäume in der Nähe bei einem Sturm umgestürzt sind. Oft lassen sich auch die Narben längst abgefallener Äste auf der Rinde finden (bei den Buchen als die berühmten „Chinesenbärte"). An Eichenstämmen findet man hier und da senkrechte Rinnen, die ein Blitz in den Baum geschlagen hat, der an der Rinde entlang nach unten in den Boden fuhr. Abgebrochene Äste erzählen von Stürmen oder von Nachbarbäumen, die in die Krone des Baumes gestürzt sind.

Oft finden sich auch die Spuren von „Untermietern" – von Vogelnestern und Spechtlöchern bis hin zu den feinen Gängen der Miniermotte in den Blättern oder auch die auffälligen „Gallen". Das sind knotige Verdickungen, richtige kleine Kapseln, auf den Blättern. Bestimmte Mücken- und Wespenarten stechen in das Blatt und legen an dieser Stelle ein Ei ab. Das Blatt bildet als Reaktion auf den Stich dann eine Kapsel um das Ei herum, es ist nun vor Freßfeinden geschützt. Mehr noch – die Insektenlarve findet im Inneren der Gallkapsel sogar Nahrung. Manche Arten nutzen die

Wärme des Humus, wenn die Blätter im Herbst zu Boden gefallen sind, sie bleiben bis in den Winter hinein in ihrer Gallkapsel. Wenn das Insekt schließlich groß genug ist, frißt es sich nach außen durch.

Zum Geburtstag wird der Baum geschmückt. Sie können Ornamente aus Pflanzen an seiner Rinde anbringen; aus Steinen, Blättern, Ästen, Beeren ein Mandala (Kreisbild) um seinen Fuß herum gestalten; vielleicht etwas Schönes in die Zweige hängen ... aber alles aus Natur! Kinder finden genügend Material, vor allem auf dem Waldboden. Sie brauchen nichts von zuhause mitzunehmen, außer vielleicht Wachsmalstiften, um Ornamente auf die Rinde zu zaubern.

Danach können Sie dem Baum ein Geburtstagslied singen – es muß ja nicht „Happy Birthday" sein. Hier ist ein schönes Lied aus der Naturschule, das sich den Bäumen zu singen lohnt:

So hoch in den Him - mel wie ein Baum,

so tief in die Er - de wie ein Baum

so geht mein Weg, so geht mein Weg.

Jetzt wird es Zeit für ein Geburtstagsgeschenk an Ihren Baum. Was wünscht sich ein Baum? Vielleicht müssen Sie eine kleine Weile allein bei Ihrem Baum sein und ihm zuhören, um es herauszufinden. Zum Schluß bleibt auf jeden Fall noch Gelegenheit, den Baum mit der Stirne zu berühren und ihm Ihre guten Wünsche zu schicken: z. B. daß nicht Waldarbeiter mit der Säge kommen mögen, daß er ein Zuhause für ganz viele Tiere bieten möge, daß er wieder saubere Luft zu atmen bekommt… Sie können die Wünsche auch in ein Glas voll Wasser sprechen und den Baum dann mit diesem Wasser gießen.

Nationalpark / Zwergenland

Diese Aktivität eignet sich besonders für ein vielgestaltiges Gelände – ein Ufer oder ein Waldstück. Kinder können stundenlang darin versinken. Erzählen Sie kleineren Kindern (bis sieben Jahre) von den Zwergen an diesem Platz. Doch, Zwerge gibt es, aber sie zeigen sich nur sehr selten. Und das liegt daran, daß die Menschen sie nicht mögen. Die kleinen Zwergenländer sind immer im Weg, wenn Umgehungsstraßen oder Flughäfen gebaut werden, und dann betoniert man sie einfach zu. Klar, daß die Zwerge sich immer mehr verstecken… Mögen Ihre Kinder Zwerge? Wie wäre es, den Zwergen mal kein Land wegzunehmen, sondern ihnen ein Stück zu schenken? Lassen Sie Ihr Kind ein Zwergenland bauen, wo die Zwerge sich richtig wohl fühlen können – mit Gärten und Hütten, mit Kletterpark und Wasserrutsche, Feuerplatz und Sauna… alles im Zwergenformat.

Größere Kinder sind weniger für Zwerge zu begeistern – deshalb lautet ihre Aufgabe anders. Sie dürfen einen kleinen „Nationalpark" aufbauen. Der hat einen Stausee mit Brücke darüber, Bungee-Jumping, Kletterfelsen, Urwald, verschiedene Tier-Reservate mit artgerechten Bedingungen (z. B. Unterschlupf und Jagdgebiet), vielleicht eine eigene Ecke mit Wüste, eine andere mit Urwald, einen Abenteuerpfad…

Mandala

„Alles ist rund" – so heißt es in den großen spirituellen Traditionen der Menschheit. Ein indianischer Text sagt dazu:

In allem, was ein Indianer tut, findet Ihr die Form des Kreises wieder, denn die Kraft der Welt wirkt immer in Kreisen, und alles strebt danach, rund zu sein. [...]
Alles, was die Kraft der Welt bewirkt, vollzieht sich in einem Kreis. Der Himmel ist rund, und ich habe gehört, daß die Erde rund wie ein Ball ist, so wie alle Sterne auch. Der Wind in seiner größten Stärke bildet Wirbel. Vögel bauen ihre Nester rund, denn sie haben die gleiche Religion wie wir. Die Sonne steigt empor und neigt sich in einem Kreis. Das gleiche tut der Mond, und beide sind rund.
Auch die Jahreszeiten in ihrem Wechsel bilden einen großen Kreis und kehren immer wieder. Das Leben der Menschen beschreibt einen Kreis von Kindheit zu Kindheit, und so ist es mit allem, worin sich eine Kraft der Welt regt.
Unsere Tipis [= Indianerzelte] waren rund wie die Nester der Vögel und immer in einem Kreis aufgestellt, dem Ring unseres Volkes – ein Nest aus vielen Nestern, in dem wir nach dem Willen des Großen Geheimnisses unsere Kinder hegten und großzogen.
(Hahaka Sapa) [8]

Ihrem Kind ab sieben Jahren können Sie diesen Text vorlesen. Sprechen Sie über die Kreisläufe in der Natur: den Kreislauf des Wassers, den Kreislauf der Luft (Baum – Tier – Baum – Mensch – Baum – Tier – Grashalm – ...), den Kreislauf der Erde (aus der Erde wachsen die Pflanzen, aber alle Blätter,

---

[8] In: *Weißt du, daß die Bäume reden?: Weisheit der Indianer*, Wien, Herder 1985, S. 56

Zweige, Äste, Früchte, Stämme usw. werden wieder zu Erde).

Dieses Gespräch soll für die Aufgabe inspirieren, an Ihrem Platz ein Mandala zu kreieren. „Mandala" ist ein Sanskritwort und heißt „Kraftkreis". In vielen spirituellen Traditionen werden Bilder benutzt, die Kraftkreise darstellen, denn, wie gesagt: „Alle Kräfte der Welt wirken in Kreisen". Jeder Kreislauf kann zum Thema des Mandalas werden:

- die Jahreszeiten;

- das Wasser;

- Blüten – Früchte – Samen;

- Geburt – Leben – Sterben – und wieder neues Leben aus dem Tod.

An Ihrem Platz gibt es sicher noch weitere Anregungen.

Auch „die Familie des Lebens auf der Erde" ist ein großes Mandala, wir alle sind miteinander verbunden, so wie Menschen, die Hand in Hand in einem großen Kreis stehen.

Die Zeit ist ein Mandala – vom großen Kreislauf von „Leben und Tod" über die „Jahreszeiten" bis hin zu den „Tageszeiten", und sogar unsere Uhrzeiger laufen im Kreis herum. Die vier Himmelsrichtungen sind ebenfalls ein Mandala.

In den Traditionen, die Mandalas verwenden, besteht die Aufgabe übrigens nicht nur darin, einen Kraftkreis künstlerisch darzustellen. Die Aufgabe liegt viel mehr in der Meditation darüber, was denn seine Mitte sei. Das ist für Kinder sicher schwierig, aber eine Anregung für Sie! Und darüber sprechen kann man mit Kindern sehr wohl... Sie werden staunen, welche Inspirationen Kinder dazu vermitteln können.

Steinspur

Kinder lieben es, alles mögliche zu sammeln. Mit Materialien aus dem Wald lassen sich dann Ornamente auf den Waldboden zaubern. Sie können dazu Kieselsteine, Fichtenzapfen, Vogelbeeren, Buchenlaub, Löwenzahnblüten und vieles andere mehr verwenden.

Etwas anspruchsvoller ist die Aufgabe, eine Spur in den Wald zu legen – beispielsweise eine Reihe von Kieselsteinen, bei der die Steine immer kleiner werden, je weiter es in den Wald hineingeht, bis sich die Spur dann ganz verliert. Oder schreiben Sie mit Steinen, Stöcken, Blüten geheimnisvolle Runenzeichen auf den Weg.

Moosmarie und Laublulatsch

Hier geht es darum, sich einmal von einem einzelnen Material anregen zu lassen: ein Kunstwerk nur aus Moos, nur aus Rinde, allein aus kleinen Zweigen, bloß aus Steinen, oder aus Holunderbeeren, aus nasser Erde oder mit Laub. Auf einer Wiese im Oktober macht sich der *Laublulatsch* gut. Sie sammeln viele Hände voller Herbstlaub zusammen. Dann legt sich Ihr Kind mit ausgebreiteten Armen und Beinen rücklings in die Wiese, und Sie bringen reichlich Laub um seinen Körper an. Das Laub soll dabei keine Linie bilden, sondern vom Körperumriß aus in die Wiese hinein übergehen. Den Effekt sehen Sie, wenn Ihr Kind jetzt vorsichtig aufsteht! Und danach sind Sie dran – Sie legen sich auf die Wiese und Ihr Kind bringt Herbstblätter um sie herum an. Vielleicht können Sie die beiden Figuren sogar „Hand in Hand" auf die Wiese zaubern.

Mit den Bäumen sprechen

Weißt du, daß Bäume reden? Ja, sie reden. Sie sprechen miteinander, und sie sprechen auch zu dir, wenn du zuhörst. [...] Ich selbst habe viel von den Bäumen erfahren: manchmal über das Wetter, manchmal über Tiere, manchmal über das Große Geheimnis.
(Tatanga Mani, Stoney-Indianer)[9]

Viele von uns haben als Kinder ganz selbstverständlich mit Bäumen gesprochen. Bäume können zuhören, trösten, Geschichten erzählen, sie haben auch ab und an eine gute Idee auf Lager.

Allerdings war das für uns früher ein spontanes Ereignis. Kaum ein Kind wird sich inzwischen noch auf Aufforderung an seinen Baum setzen und mit ihm reden können. Es wird hilfreich sein, wenn Sie es gemeinsam probieren – setzen Sie sich unter Ihren Baum und erzählen davon, wie *Sie* früher mit Bäumen gesprochen haben. Vielleicht gibt es eine ähnliche Geschichte aus Ihrer Kindheit wie die folgende:

„Eines Tages hatte ich mal wieder ziemlich Streit mit meinen Geschwistern. Ich war sehr traurig und dachte, daß ich viel lieber alleine mit meinen Eltern wäre, ohne meinen Bruder und meine Schwester. Ich bin zu meinem Baum am Waldrand gegangen, hab mich dort hingesetzt und geweint. Der Baum hat mir zugehört wie immer und mich getröstet. Dann kam ein ziemlicher Windstoß, und ich schaute hoch in die Krone. Der Baum hat kräftig geschaukelt, mit all seinen Ästen geschüttelt, aber keinen davon losgelassen. Wenn ein großer Ast losgebrochen wäre, dann hätte der Baum auch seltsam dagestanden, mit Übergewicht zu der einen Seite, wo die Äste noch dran gewesen wären. So hat er mir gesagt,

---

[9] Ebd., S.11.

daß wir eine Familie sind, die zusammengehört wie die Äste zum Baum, und daß er jeden Ast nötig hat."

Damit Ihr Kind mit seinem Baum sprechen kann, braucht es nur noch die Gelegenheit, unbeobachtet bei seinem Baum verweilen zu können, wann immer es will.

Damit es Vertrauen darin gewinnt, daß man mit Pflanzen wirklich sprechen kann, eignet sich folgende Übung (die auch die meisten Erwachsenen verblüfft): **Mit der Brennessel sprechen**. Ohne großes Laboratorium läßt sich hier erfahren, daß die Pflanzen uns verstehen – gehen Sie zu einer Brennessel und sprechen Sie sie laut oder leise an. Dann berühren Sie die Brennessel, sie können sie sogar streicheln, fest anfassen, zupfen ... – und sie brennt nicht! Probieren Sie das unbedingt aus – alle Kinder bei der Naturschule sind völlig begeistert davon! Wenn man eine Brennessel vorher anspricht, ist sie auf eine Berührung vorbereitet und brennt nicht, selbst wenn man sie am Stengel oder an den Blattspitzen anfaßt. Wer dagegen an einer Brennessel auch nur leicht vorbeistreift, ohne die Pflanze vorzuwarnen, der tut sich weh – gerade Kinder wissen ein Lied davon zu singen. Eine Kräuterfrau aus den Vogesen hat mir dieses Geheimnis verraten. Sie spricht mit den Brennesseln, bevor sie sie pflückt, und dann geben sie ihre Heilkräfte auch gerne für die Menschen her. Sprechen Sie gemeinsam mit Brennesseln, bitten Sie vielleicht auch um ihre Hilfe, um dann einige für Tee oder für die Zubereitung als Spinat zu pflücken. (Noch einmal: Das ist kein Witz, probieren Sie es aus!)

Spinnenherz

Viele wissen nicht, daß auch kleine Tiere, wie Ameisen, Bienen, Fliegen, sogar Spinnen ein Herz haben, das ihren blutähnlichen Saft durch den Körper pumpt.

Das gilt nicht nur im anatomischen Sinne – kleine Tiere sind ebenfalls fühlende Wesen, die Schmerz vermeiden wollen und immer versuchen, dorthin zu kommen, wo es ihnen gut geht: ins Warme, zum Futter, in Sicherheit vor Freßfeinden...

In vielen Geschichten ist die Rede von der Kunst, mit Tieren zu sprechen. Auch den Angehörigen mancher Naturvölker sagt man diese Fähigkeit nach. Möchten Sie Ihrem Kind ein Geheimnis verraten? Man kann wirklich lernen, die Sprachen der Tiere zu verstehen! Die erste und wichtigste Übung dazu ist, sich in ein Tier einzufühlen – die Welt mit seinen Augen zu sehen, mit seinen Ohren zu hören, und mit seinen Beinen zu gehen.

Lesen Sie Ihrem Kind vor, was ein moderner Indianer erlebte:

Birdfoots Großvater

Der alte Mann
hatte unser Auto
wohl schon Dutzende Male angehalten,
um hinauszuklettern
und die kleinen Kröten aufzulesen,
die vom Scheinwerferlicht geblendet
wie lebendige Regentropfen
auf der Straße hüpften.

Regen fiel,
sein weißes Haar leuchtete im Nebel,
und ich sagte immer wieder:
Du kannst sie nicht alle retten,
finde dich ab damit, steig wieder ein,
wir müssen weiter, wir haben ein Ziel.

Er aber, die ledrigen Hände voll
von nassem braunen Leben,
knietief im Sommergras
an der Straßenböschung stehend,

er lächelte nur und sagte:
Auch sie müssen weiter, auch sie
haben ein Ziel.

(Joseph Bruchac, New Indian Movement)[10]

Suchen Sie sich einzeln ein leicht zu beobachtendes Tier – eine Schnecke, ein Krabbeltier auf dem Boden oder auf der Baumrinde, eine Spinne... und machen Sie sich klar, daß dieses Tier ein Herz hat, so klein es auch sein mag. Es hat seine besondere Wahrnehmung von dieser Welt, und es hat seine Ziele. Fühlen Sie sich ein in die Empfindung seiner Umwelt – wie nimmt das Tier den Platz wahr, an dem es sich gerade aufhält? Wo will es hin und warum? Wie findet es seinen Weg? Wovor hat es Angst? Was wünscht es sich?

Nehmen Sie sich ruhig eine Viertelstunde oder mehr Zeit, dem Tier auf diese Weise zu folgen.

Wenn Sie diese Meditation öfter wiederholen, wird Ihr Kind sich bald spontan darin üben, wann immer es einem Tier begegnet. Diese Übung ist ein Schlüssel zu der Fähigkeit, die Sprache der Tiere zu verstehen.[11] Viel wichtiger noch: Es ist eine grundlegende Übung in Mitgefühl.

Wenn Sie mit Ihrem Kind schon etwas Erfahrung darin gesammelt haben, gibt es eine weitere Stufe der Meditation über Mitgefühl. Sie stammt aus der buddhistischen Tradition.

Sie sitzen mit geradem Rücken auf dem Waldboden, am besten wie die Japaner mit untergeschlagenen Beinen. Richten Sie die Aufmerksamkeit auf Ihren Atem, wie er kommt und geht:

---

[10] In *Freundschaft mit der Erde: der indianische Weg.* Wien, Herder 1985, S. 102.
[11] Dazu gehört außerdem noch viel Verständnis von der Lebens- und Ausdrucksweise der verschiedenen Tierarten.

Wenn du einatmest, weißt du: „Jetzt atme ich ein." Zähle beim Einamten langsam eins ... zwei ... drei. Wenn du ausatmest, weißt du: „Jetzt atme ich aus." Zähle auch bei Ausatmen langsam eins ... zwei ... drei.

Spüre jetzt mit jedem Einatmen den Wunsch all der Wesen umher, glücklich zu sein.

Ob Ameisen Läuse zu den saftigsten Pflanzen tragen,
ob eine Spinne ihr Netz webt,
ob ein Maulwurf Gänge gräbt,
ob die Füchsin ihre spielenden Welpen bewacht
– alle wollen Leid vermeiden,
alle suchen Wohlsein und Zufriedenheit.

Mit jedem Einatmen spüren wir den Wunsch aller Wesen nach Glück.

Mit jedem Ausatmen wünschen wir den Wesen ganz viel Glück.

Sie selbst und Kinder ab acht Jahren können die Übung in der traditionellen Form weiterführen:

Mit jedem Ausatmen versprechen wir, den Wunsch aller Wesen nach Glück zu respektieren. Wir wollen die Wesen sogar überall da unterstützen, wo es uns möglich ist.

Wir wollen nicht mehr unnötig töten, sondern Leben schützen.

Wir nehmen nicht nur unser eigenes Glück wichtig, sondern verstehen, daß alle fühlenden Wesen genauso wie wir Glück suchen und Leid vermeiden wollen.

Mit jedem Einatmen spüren wir den Wunsch aller Wesen nach Glück.

Mit jedem Ausatmen wünschen wir den Wesen all das Glück, das diese sich selber wünschen.

Obwohl dies eine komplexe Meditation ist, können Kinder im Grundschulalter verstehen, worum es geht, besonders wenn sie die vorhergehende Übung mit dem kleinen Tier schon ein paarmal gemacht haben.

Beide Meditationen sind sehr wirkungsvoll – wenn sie in der passenden Situation, nicht zu häufig und nicht zu lange geübt werden. Brechen Sie jeweils ab, *bevor* Ihr Kind genug davon hat. Wiederholen Sie die Übung nach frühestens einer Woche, aber wiederum nicht zu lange. Sie werden spüren, wie sehr Ihr Kind auf diese Übung eingeht und können dementsprechend behutsam dosieren.

Die Meditation über den Wunsch aller Wesen nach Glück, wie eben beschrieben, ist gelegentlich auch ein schöner Tagesabschluß, wenn Sie Ihrem Kind „Gute Nacht" sagen.

Einssein

Das folgende Kapitel beschreibt den tiefgründigsten Weg der Naturmeditation, der zu einer unmittelbaren Erfahrung des Einsseins mit allem Leben führt. Auch das geschieht schrittweise. Sie beginnen mit leichten Übungen, bei denen sich die Kinder in ihrer Phantasie oder spielerisch mit anderen Lebensformen identifizieren und gehen dann zu Meditationen über, die eine tiefe Erfahrung unserer Verbundenheit mit allem Sein ermöglichen. Hier kommt es ganz besonders darauf an, daß auch Sie selbst sich auf dieses Abenteuer einlassen – vielleicht probieren Sie zuvor selber aus, was Sie dann später mit Kindern umsetzen möchten.

Baum-Meditation

Diese Meditation eignet sich gut, wenn Bäume gerade ein Thema sind – wenn „Ihr" Baum Geburtstag hatte, wenn Sie einen Baum im Garten gepflanzt haben, wenn im Frühjahr viele kleine Buchenkeimlinge („Elefantenohren") den Waldboden bedecken, wenn Sie über den Kreislauf von Same, Baum, Blüte, Frucht und Same gesprochen haben …

Fragen Sie Ihr Kind, welche Baumart es gerne wäre, wenn es sich für eine Stunde in einen Baum verwandeln könnte. Zeigen Sie am Original und anhand eines Bestimmungsbuches[12], wie die Blätter, die Rinde, die Blüten, die Früchte (bzw. Samen) und die jungen Keimlinge dieses Baums aussehen. Dann holen sie ihr Zaubertuch hervor, legen es Ihrem Kind über den Kopf und sagen:

„Schwarzwaldschrat und Donnerwetter, Kuckucksholz und Bärendreck … ich verwandele Dich in einen Kirschkern

---

[12] Ideal geeignet hierfür ist: Gottfried Amann: *Bäume und Sträucher des Waldes*.

[eine Eichel; eine Buchecker; einen Tannenzapfen , also den Samen vom Baum Ihres Kindes]. "

Dann gehen Sie mit dem Kind zusammen in die Knie und nehmen das Zaubertuch wieder ab. Sie sind jetzt beide kleine Baumsamen, die am Boden liegen.

Wir beide liegen jetzt als Kirschkerne [Eicheln, Haselnüsse, Ahornflieger...] auf dem Waldboden. [Machen sie sich ganz klein.] Jetzt wird es Herbst, die Blätter fallen von den Bäumen und decken uns zu, damit wir es im Winter schön warm haben. [Ziehen sie sich die Jacke über den Kopf.] Jetzt wird es Winter, es schneit, und oben ist es ganz kalt, aber hier unten in der Erde, unter all dem Laub, da haben wir es warm. Wir schlafen.

Oben wird es jetzt Frühling. Der Schnee schmilzt, die Sonne scheint. Ihre Wärme dringt bis zu uns in den Boden durch. Wir erwachen [stecken Sie den Kopf ein kleines Stück aus der Jacke]. Unsere Schale springt auf. Als erstes strecken wir ein kleines Wurzelfüßchen aus unserer Schale [einen Fuß ausstrecken], das sich in die Erde gräbt. Mit der kleinen Wurzel ziehen wir etwas Wasser aus der Erde [schöpfende Bewegung mit der Hand] und trinken uns satt. Wir nehmen soviel Wasser, daß wir ganz dick davon werden. Jetzt drückt sich ein kleiner Trieb nach oben durch die Schale, durch die Erde, durch das Laub hindurch ans Licht, und unsere ersten Blätter entfalten sich! [Entsprechende Bewegung mit den Händen.] Mit den Blättern nehmen wir das Licht der Sonne auf. Es nährt uns, genau wie die Luft [einholende Bewegung mit den Händen]. Aus der Erde ziehen wir mit den Wurzeln das Wasser zum Trinken [heraufziehende Bewegung mit den Händen].

So wachsen wir, immer größer und größer [langsam aufstehen und größer werden], bis wir als ganzer Baum dastehen – die Wurzeln tief in der Erde, mit einem hohen, starken Stamm und mit vielen Ästen, Zweigen, mit vielen tausend Blättern hoch im Licht der Sonne.

Wir sehen die Sonne nicht, aber wir spüren sie durch unsere Blätter.

Und durch unsere Blätter atmen wir auch.

Wir spüren den Wind in den Blättern; wir spüren wie sich die Zweige im Wind bewegen.

Zwischenspiel für Kinder ab sieben Jahren:

Wir verbinden Himmel und Erde: Tief aus der Erde holen wir das Wasser, ziehen es den ganzen hohen Stamm hinauf bis in die Blätter und verströmen es durch die Blätter in den Himmel. Aus dem Himmel holen wir das Sonnenlicht und die Luft und ziehen ihre Kraft den ganzen Stamm hinunter bis in die Wurzelspitzen hinein und geben diese Kraft von dort auch weiter in die Erde.

Um uns herum stehen unsere Geschwister, die anderen Bäume. Unsere Wurzeln berühren ihre Wurzeln. Unsere Kronen durchdringen sich gegenseitig.

Überall geben wir Tieren ein Zuhause. Zu unseren Füßen an der Wurzel wohnt eine Dachsfamilie. Auf der Rinde krabbeln kleine Sechsbeiner. In den Zweigen haben die Vögel ihre Nester und außerdem ein Eichhörnchen. Wir sind glücklich, daß wir ihnen allen Nahrung und ein Zuhause geben können.

Wir verwandeln uns in eine Blüte am Baum.

Wir öffnen uns der Sonne, lassen uns wärmen.

Dann kommt der Wind [oder ein Insekt, je nach Baum] und bestäubt uns. In unserer Mitte verändert sich etwas. Alle unsere Kraft zieht ich dort zusammen, in einem einzigen Punkt in unserem Herzen. Wir verwandeln uns in einen Samen. [Ziehen Sie sich langsam zusammen, werden Sie wieder ganz klein, wie am Anfang.]

Jetzt sind wir wieder ein Samen. Wir hängen am Baum, den ganzen Sommer lang, und reifen. Wir sammeln all die Energie der Sonne in uns.

Dann geht der Sommer zu Ende, wir sind jetzt voll mit der

Lebenskraft des Baums. Jetzt kommt ein Wind, wir fallen –
plopp- zu Boden! [Springen Sie ein Stück weit weg von der
Stelle, an der Sie vorhin Baum waren.]"

Bleiben Sie eine kurze Weile so, um die Meditation aus-
klingen zu lassen, holen Sie das Zaubertuch aus der Tasche
und verwandeln Ihr Kind wieder in einen Menschen:
„Schwarzwaldschrat und Donnerwetter, Kuckucksholz
und Bärendreck … ich verwandele Dich zurück in … Ihr Kind."
Anschließend können Sie – jeder für sich – eine Weile still
bei Ihrem Baum verbringen.

Vier Elemente

Die antike Lehre der „vier Elemente" kehrt heute in moder-
nem Gewand zurück: drei der vier, nämlich *Erde, Wasser*
und *Luft*, heißen nun „Umweltmedien", und das vierte,
Feuer, ist in seiner neuzeitlichen Fassung als *Energie* ebenfalls ein heißes Eisen des Umweltschutzes.

Abgesehen davon repräsentieren die vier Elemente aber
auch grundlegende Erfahrungsqualitäten, sie bieten einen
ganzheitlichen Zugang zum Verständnis der Natur. Auf
unterschiedliche Weise bieten sie Sinneserlebnisse, Ein-
blick in die Ökologie und eine Erfahrung vom großen Netz-
werk des Lebendigen, in dem alles miteinander verbunden
ist. Diese Erfahrung wird in Phantasiereisen zu den vier
Elementen vertieft.

Sie sollten den Teil über jedes Element einzeln durchführen und das entsprechende Element vor der Phantasiereise thematisieren, ähnlich, wie es hier im folgenden angeregt wird.

Erschlagen Sie die Wirkung der Meditationen aber bitte
nicht durch zu häufige Anwendung! Jede der Übungen zu
einem Element können Sie einmal anleiten, und zum gleichen Element vielleicht erst nach einem halben oder ganzen
Jahr noch einmal wiederholen. Es braucht auch die passende

Stimmung dazu: Sie werden spüren, wann Ihr Kind offen ist und wann nicht.

Für die Phantasiereisen zu den Elementen liegt Ihr Kind bequem auf dem Boden, am besten auf dem Rücken. Wenn es nicht gerade heißer Sommer ist, empfiehlt sich eine Decke oder Isomatte als Unterlage. Sie leiten die Reise immer auf ähnliche Weise ein:

„Leg dich bequem auf den Rücken. Schließe die Augen. Hole dreimal tief und langsam Luft. Gaaaanz langsam Luft holen, und dabei tief atmen.

Jetzt atme wieder normal, halte die Augen geschlossen. Merkst du, an welchen Stellen dein Körper auf dem Boden liegt? Wie fühlt sich das an den Füßen…Beinen…am Po…an den Armen…den Schultern…am Kopf an? …und dann geht es los mit der Reise.

Der Reise zu den Elementen geht aber wie erwähnt immer eine thematische Vorbereitung voraus: Entdecken Sie mit ihrem Kind die vier Elemente und deren Bedeutung für das Leben auf unserem Planeten.

Erde

Gehen Sie ein paar Schritte abseits des Weges und untersuchen Sie gemeinsam schichtweise den Waldboden: Zuerst entfernen Sie vorsichtig die obersten Blätter oder Nadeln. Darunter versteckt sich allerhand Getier, das vor dem plötzlichen Tageslicht schnell davonhuscht. Beobachten Sie Formen, Farben und Bewegungen dieser Tiere und geben den kleinen Wesen einen Namen, z.B. „Weißhüpfer" oder „Miniringel".

Dann nehmen Sie auch die Blätter weg, die schon etwas zersetzt sind, und gelangen Schicht für Schicht zu immer feinerem Humus. Überall wimmelt es von Leben, auch wenn die meisten Wesen so klein sind, daß man sie nicht mehr mit bloßem Auge sehen kann. Nehmen sie zwei Hände voll Humus hoch und riechen Sie daran. Sie halten jetzt mehr Lebewesen in der Hand, als es Menschen auf der ganzen Erde gibt! (Und es gibt sehr viele Menschen – reichten sich alle 5 Milliarden Menschen die Hände, reichte die Kette 250 mal um den ganzen Erdball oder 33 mal bis zum Mond und zurück!)

Graben Sie weiter in die Erde, in den Mutterboden hinein. Das ist diejenige Schicht, in der die Pflanzen wurzeln. Von den Pflanzen ist alles höhere Leben auf der Erde abhängig.

Mutterboden ist ein großes Wunder – zum einen hat er die Fähigkeit, Abgestorbenes in fruchtbare Erde zurückzuverwandeln. So gibt es kein Abfallproblem in der Natur – wohin auch sonst mit den vielen Blättern, die seit Jahrtausenden im Herbst von den Bäumen fallen, wohin mit all den Kadavern verendeter Tiere? Die braune Erde praktiziert perfektes Recycling! Und was die Erde nicht alles zu „schlucken" hat – den Kot von so vielen Tieren und Menschen, außerdem tote Blätter, umgestürzte Baumstämme, tote Körper... alles nimmt der Mutterboden geduldig auf, zersetzt es langsam und macht wieder fruchtbare Erde daraus. Mutterboden reinigt außerdem das Wasser von organischen Stoffen – jeder Wald mit natürlich belassenem Boden ist eine riesige Kläranlage.

Mehr noch, aus dem Mutterboden sprießt auch unendlich vielfältiges Leben! Schauen Sie sich einfach um, was alles aus der Erde wachsen kann: imposante Buchen, zierliche Ahörner, hohe Fichten, windzerzauste Kiefern, das am Boden kriechende kleine Scharbockskraut mit seinen sonnenhellen Blüten, würziger Bärlauch, stinkende Pestwurz, feine Pfefferminze, und erst die unzähligen Pilzarten mit ihren verschiedenen Formen und Farben! Heilkräuter, Giftpflanzen, nahrhaftes Gemüse, leckeres Obst, stachliges Gestrüpp, schöne Blumen... Und alles das erhält die gleiche

Nahrung von Mutter Erde, es wird nichts bevorzugt oder vernachlässigt, alles darf sein.

Graben Sie so lange, bis sie vom dunklen Mutterboden auf hellbraunen Lehm, auf Kies, Sand oder auf Gestein stoßen. Meist wird das nicht allzu lange dauern. Wenn man sich bewußt macht, daß alles Landleben seit Milliarden Jahren vom Mutterboden abhängt, erschreckt man, wie dünn diese lebensspendende Schicht ist : nur wenige Dezimeter[13]. Aus dem, was darunter liegt, vermag nichts Vernünftiges zu wachsen – in Lehm, Gestein, Sand oder Kies können es nur sehr wenige Kümmerpflanzen aushalten! Auf keinen Fall können ganze Wälder darauf wachsen, Felder darauf angelegt werden, Tiere weiden. Wenn Sie sich den ganzen Erdball vorstellen, sind die zwanzig, dreißig, vierzig Zentimeter Muttererde eine wahrhaft hauchdünne Haut, die sich über Kontinente und Inseln zieht! Und wie schnell ist die verloren! Die Natur selbst versucht den Mutterboden gegen Sonne, Wind und Wasser zu schützen – niemals liegt Muttererde offen zutage! Nur, wo Menschen eingegriffen haben, kann die feine, schützende, lebenserhaltende Schicht von Wasser und Wind davongetragen, von der Sonne ausgedörrt werden: in den Mittelmeerländern, wo fast alle Wälder kahlgeschlagen werden, und in unserer Gegend, wo riesige nackte Felder den Mutterboden schutzlos aussetzen. Außerdem zerstören Düngemittel, saurer Regen und Gifte unseren Boden.

Wenn Sie sich auf diese Weise durch das Profil des Bodens gegraben und über die verschiedenen Schichten gesprochen haben, ist die Zeit reif für eine Meditation. Schließen Sie das Loch wieder Schicht für Schicht (in jeder Schicht gibt es Lebewesen, die genau dort hingehören und in einer anderen Schicht umkommen), und bereiten Sie die *Phantasiereise* vor.

---

[13] Ein Dezimeter sind 10 Zentimeter.

72

Breiten sie eine Decke aus, Ihr Kind legt sich gemütlich darauf, und Sie sitzen, vielleicht an einen Baum gelehnt, daneben.

Leiten Sie die Phantasiereise ein, wie oben erklärt. Dann geht es weiter.

Spürst du, wie du schwer auf der Erde liegst? Deine Schwere kommt davon, daß die Erde dich anzieht. Die Erde hält dich fest hier auf dem Boden. Wenn die Erde keine Anziehungskraft hätte, würden wir alle gar nichts wiegen und einfach hinaus ins Weltall fliegen. Im Weltall müßten wir umkommen, denn es gibt dort keine Luft zum Atmen. Spüre, wie die Erde mit der Anziehungskraft für dich sorgt, wie die Erde dich liebevoll hält und trägt.

Jetzt sinkst du ganz langsam ein kleines Stück in die Erde ein, hinein in den braunen Mutterboden.

Dein Körper wird jetzt ein Körper aus Erde. Dein Kopf wird ein Erdkopf. Deine Arme werden Erdarme mit Erdhänden. Deine Brust wird zu einer Erdbrust... dein Bauch zu einem Erdbauch... deine Beine zu Erdbeinen. Spüre nach, wie sich das anfühlt, Erde zu sein.

Jetzt wachsen aus dir lauter grüne Pflanzen heraus. Aus deinem Erdbauch, deiner Erdbrust, deinem Erdkopf, deinen Erdarmen und Erdbeinen wachsen bunte Blumen und heilende Kräuter. Aus deinem Erdherzen wächst ein kleiner Apfelbaum [oder der Lieblingsbaum Ihres Kindes]. Du bist durchzogen von lauter Wurzeln. Damit ernährst du alle diese Pflanzen, die aus dir herauswachsen.

Jetzt kommt ein Hasenpapa und gräbt eine Höhle vor deinen Erdfüßen. Bald lädt er die Hasenmama ein. Sie ziehen in die Höhle an deinen Füßen ein. Sie pflegen ihre Hasenkinder versteckt bei dir in der Erde. Sie fressen von den Kräutern und haben es wirklich gut bei dir!

Mit Schulkindern können Sie die Phantasiereise folgendermaßen weiterführen:

Jetzt wird es Herbst, und die Lebenskraft all der Kräuter zieht sich zu dir in die Erde zurück. Der Baum wirft seine Blätter ab und bedeckt dich damit – so wirst du es auch im Winter warm haben. Bald schneit es. Oben ist jetzt alles abgestorben und kalt. Bei dir in der Erde ist es warm und lebendig. Die Hasen wärmen sich gegenseitig in ihrer Höhle. Du verwandelst die Blätter des Baums langsam in Erde. Du hast es ganz warm dabei.

Bald kommt der Frühling. Aller Schnee taut auf, frisches Wasser durchtränkt dich. Die warme Sonne lockt die Samen all der Kräuter in dir zu neuem Leben. Bald sprießt wieder alles aus dir heraus. Aus den Wurzeln in deinem Herzen steigt Saft empor in den Baum. Er blüht wunderschön und bekommt wieder neue, grüne Blätter, und natürlich auch Äpfel.

Jetzt verwandeln sich deine Erdbeine wieder in Menschenbeine ... deine Erdarme wieder in Menschenarme ... dein Erdkörper in einen Menschenkörper ... das Erdherz in dein Menschenherz. All die Pflanzen, auch der Baum, lösen sich in strahlendes Licht auf. Du liegst nicht mehr *im* Boden, sondern *auf* der Erde. Spüre die Anziehungskraft, mit der die Erde dich festhält. Halte die Augen noch einen Augenblick geschlossen und bewahre die Erinnerung, wie es sich anfühlt, Erde zu sein.

Jetzt darfst du tief Luft holen und dann die Augen wieder öffnen.

Die Variation mit den Jahreszeiten lassen Sie bei Kindern im Kindergartenalter besser weg, um die Meditation nicht zu kompliziert zu gestalten!

Danach paßt eine Übung, bei der Sie die Schwerkraft der Erde sehr bewußt spüren können: Versuchen Sie an einer mittelsteilen Böschung oder an einem steilen Berg hangaufwärts eine Rolle vorwärts mit anschließender „Kerze"! Verweilen Sie solange wie möglich in der Kerze, bevor Sie der Schwerkraft nachgeben.

Wasser

Eine sehr schöne Phantasiereise zum Wasser ist im Kapitel „Am Wasser" beschrieben (S. 107). Auch sie paßt gut hierher, weil sie die alle Lebewesen verbindende Qualität des Wassers zum Thema hat.

Eine andere Qualität des Wassers ist seine Wandelbarkeit: Es fällt sachte als Schnee, es bricht mit zerstörerischer Gewalt als Flutwelle vom Meer aufs Land, es fällt in malerischen Kaskaden, rinnt vom Stalaktiten einer Tropfsteinhöhle, glänzt in einer Pfütze im Sonnenlicht, plätschert über Steine, schiebt sich als Gletschereis ins Tal, wälzt sich in breitem Strom, erstrahlt im Regenbogen hoch am Himmel, ruht in unterirdischen Seen, bildet gewaltige Wolkengebirge, weite Ozeane, glitzernde Tautropfen, unsichtbaren Dunst...

Wasser transportiert Wärme wie in der Heizung zuhause – Wärme aus den Muskeln oder aus der Leber wird z. B. zu den frierenden Fingern transportiert. Wasser kann auch kühlen, z. B. wenn wir schwitzen. Die Meeresströmungen bringen die Wärme der Äquatorsonne bis zu uns in den Norden, die Meere sind eine riesige Klimaanlage für die Erde. Wasser reinigt, sowohl im Körper, aber auch außen wenn wir uns waschen. Wasser löst Stoffe auf und gibt sie wieder her, z. B. Salz oder Zucker. Auch in unserem Körper nimmt es Stoffe wie Salz oder Zucker im Darm auf, transportiert sie zu den übrigen Organen, und gibt die Nährstoffe dort wieder ab. Natürlich stillt Wasser unseren Durst und hilft dem Körper dabei, solche Dinge wie Kartoffeln, Blumenkohl und Hähnchenfleisch in Menschenmuskeln, Menschenknochen oder Menschenhirn zu verwandeln – so wie aus rohen Kartoffeln, rohen Eiern oder harten Nudeln, die man nicht essen kann, beim Kochen in Wasser ein leckeres Essen wird.

Stellen Sie sich gemeinsam vor, daß der Körper Ihres Kindes 15 bis 25 Liter Wasser (je nach Körpergewicht) enthält. Auch Ihr eigener Körper besteht zu 70 % aus Wasser. Der Urlaub ist eine gute Gelegenheit, mit Ihrem Kind auf Wasser-Entdeckungsreise zu gehen: Suchen Sie alle Erscheinungsformen von Wasser in Ihrer Ferienumgebung auf (Sie werden staunen, was Ihr Kind alles finden wird!). Eine andere Übung ist, dem Verlauf eines Bachs zu folgen und zu beobachten, wie Wasser, Ufer und Bachgrund sich gegenseitig formen: Da gibt es rauschende Stromschnellen, ruhige Becken mit Sand am Grund, ausgewaschene Kurven, Wurzeln, Strudel...und niemals bleibt eine einzelne Stelle im Bach so, wie sie ist, alles ist in ständiger Bewegung. Stellen Sie Ihrem Kind das Rätsel des Heraklit: „Du steigst nie zweimal in den selben Bach!" Was mag das bedeuten?

Sie können sich gemeinsam Smetanas „Moldau" anhören – sie handelt vom gleichen Thema.

Trotz seiner Allgegenwärtigkeit ist Wasser kein unverletzliches Element. Wie tief sind wohl die Ozeane im Maßstab eines Tischglobus (36 cm Durchmesser)? ...Gerade einmal anderthalb Zehntel Millimeter – ein bloßer Hauch von Feuchtigkeit, der sich über den Erdball zieht. Die globalen Süßwasserreserven betragen nur 3 Promille dieser Menge. Also kaum mehr als ein mikroskopisch kleines Tröpfchen ist die lebenswichtige Grundlage für alle Landpflanzen, Menschen und Tiere – Grund genug, das Wasser so sauber wie möglich zu halten und sparsam damit umzugehen.

Die Meditation über das wandelbare Wasser findet am besten in Nähe eines Gewässers statt – ideal ist, wenn Sie einen Bach, einen Wasserfall oder sogar Meeresrauschen dabei hören können. (Wenn nicht, greifen Sie in der Einleitung der Meditation auf Ihr letztes gemeinsames Erlebnis mit Wasser zurück.) Nach der üblichen Einführung – siehe oben – setzen Sie fort:

„Jetzt richte deine Aufmerksamkeit auf das Geräusch des Wassers. Stell dir vor, du verläßt deinen Körper und gehst dahin, wo das Wasser jetzt rauscht. Verweile dort beim Wasser. Höre einfach zu, was es zu erzählen hat.

Jetzt tauchst du in das Wasser ein. Du wirst selbst zum Bach [bzw. zum Wasserfall, zum See, zum Meer]. Verwandle dich in einen Tropfen Wasser. Wie fühlt es sich an, ein Bach [Wasserfall, See, Meer] zu sein?

Und jetzt verwandle dich, wie das Wasser ...

– du verwandelst dich in einen großen Eisberg, der im Meer treibt; du schwebst im kalten, blauen Wasser; du bist ein weißer Koloß, hartgefroren, eiskalt ...

– du verwandelst dich in einen warmen Meeresstrom, du trägst die tropische Wärme in den Norden; du gleitest im großen Strom Tausende von Kilometern durch das Meer ...

– du verwandelst dich in die Niagarafälle, du fällst rauschend viele hundert Meter in die Tiefe; hör nur, wie das tost; sieh die weiße Gischt und die Regenbögen drumherum ...

– du verwandelst dich in eine Schneeflocke, die sanft aus den Wolken heraus zur Erde hinuntertanzt ...

– du verwandelst dich in einen Nebel, der eines Morgens unser Haus einhüllt ...

– du verwandelst dich in den stillen See am Grund einer Tropfsteinhöhle; viele Jahrtausende liegst du schon da, ohne daß je ein Menschenauge dich gesehen hätte ...

– du verwandelst dich in Trinkwasser, das aus unserer Leitung läuft; es läuft in ein Glas hinein ...

– du verwandelst dich in einen Tropfen Menschenblut; zwei Liter Blut [bis zu vier Liter, je nach Größe und Gewicht des Kindes] kreisen in deinem Körper und ernähren jeden Augenblick all deine Organe mit dem, was sie zum Leben brauchen.

– und jetzt bist du all das viele Wasser in deinem Körper, überall verteilt: in den Füßen … in den Beinen … in der Hüfte und im Po … im Bauch … in den Händen … den Armen … den Schultern … der Brust … dem Hals … im Kopf.

Jetzt spüre deinen ganzen Körper. Du bist jetzt kein Wasser mehr, sondern wieder [Name Ihres Kindes]. Räkle dich ein wenig … und öffne die Augen.

Luft

In der berühmten Rede von Häuptling Seattle[14] heißt es:

Die Luft ist kostbar für den roten Mann, denn alle Wesen teilen denselben Atem. Das Tier, der Baum, der Mensch, sie all teilen denselben Atem. [...] Die Luft teilt ihren Geist mit allem Leben, das sie erhält. Der Wind gab unseren Vätern und Müttern den ersten Atem und empfängt ihren letzten. Der Wind muß auch unseren Kindern den Lebensgeist geben.

Mit Hilfe des Sonnenlichts laden die grünen Pflanzen die Luft mit Sauerstoff auf, den wir zum Leben brauchen. Wir können einige Wochen ohne Nahrung leben, einige Tage ohne Wasser, aber nur wenige Minuten ohne Luft – halten Sie gemeinsam einmal den Atem an, solange es nur geht …

---

[14] In den 1860er Jahren versuchten weiße US-Siedler, die indianischen Bewohner an der nördlichen Pazifikküste (nahe der heutigen Grenze zu Kanada) zu verdrängen. Die Stämme leisteten erfolgreich Widerstand, die US-Marine mußte eingeschlossenen Siedlern vom See her zu Hilfe kommen. Daraufhin bot die Regierung den Stämmen ein Reservat im Tausch gegen das begehrte Land an. Häuptling Seattle antwortete auf dieses Angebot mit seiner berühmt gewordenen Rede. Sie ist auf beeindruckende Weise von der Gruppe „Poesie und Musik" ins Deutsche übersetzt und vertont worden (als CD erhältlich).

Menschen und Tiere atmen etwas aus, was wiederum die Pflanzen für ihr Überleben brauchen – das Kohlendioxyd. Für die grünen Pflanzen ist unsere „verbrauchte" Luft frische Luft! Sie atmen ein, was wir ausgeatmet haben; und was die Pflanzen ausatmen, ist unsere frische Luft. So verbindet die Luft alle atmenden Wesen miteinander.

Wieviel Luft es im Himmel wohl gibt? Die Schicht, in der sich unsere Atemluft befindet und in der sich das Wetter (und die Luftverschmutzung) abspielen, wäre auf einem Tischglobus (36 cm Durchmesser) gerade 0,3 Millimeter hoch. Ein so zartes Häutchen erhält das Leben auf dem Erdball. So wenig Luft hindert das kostbare Wasser, ins Weltall zu verdunsten. Die weiteren Atmosphäreschichten, die vor allem Strahlenschutzfunktionen ausüben, reichen bis 12 Millimeter über der Globusfläche. Davon sind die äußeren 9 Millimeter allerdings sehr dünn, die weit überwiegende Masse der Atmosphäregase (u. a. auch das Ozon) befindet sich innerhalb einer Schicht von nur 3 Millimetern Dicke um den Globus.

Für die Luft-Meditation eignet sich ein windiger Tag, am besten, wenn Sie zuvor schon den Zug der Wolken oder den Tanz der Bäume im Wind beobachtet haben (siehe im Kapitel „Sich Versenken", S. 29). Papierflieger oder Drachen steigen lassen sind Luft-Erlebnisse, ebenso der Versuch, mit einem großen Pappstück quer vor dem Körper gegen den Wind zu rennen. Sie können auch trockenes Laub oder Federn vom Wind davontragen lassen. Das geht besonders gut von einem Aussichtsturm aus.

Legen Sie sich beide auf den Rücken und beobachten den Himmel – woher die Luft wohl kommt, die der Wind gerade mit sich bringt? Welche Bäume, Tiere und Menschen diese Luft schon alle geatmet haben?

Dann leiten Sie die Meditation ein wie oben beschrieben. So geht es weiter:

Jetzt versuche, jeden Atemzug einzeln zu spüren. Wenn du einatmest, weißt du, „Jetzt atme ich ein". Wenn du ausatmest, weißt du, „Jetzt atme ich aus".

Ich helfe dir dabei, indem ich für jedes Einatmen und jedes Ausatmen langsam eins-zwei- drei zähle: **ein** – eins … zwei … drei … **aus** – eins … zwei … drei … **ein** – eins … zwei … drei … **aus** – eins … zwei … drei [vier bis fünf Atemzüge lang, anschließend kurze Pause, dann:]
Mit der Luft kommt Lebenskraft zu dir. Du atmest Lebenskraft in deine Brust ein. Von deinem Herz und deinen Lungen strömt sie aus in den ganzen Körper: in deinen Bauch … deine Arme … deine Hände … deine Beine … deine Füße … bis in deine Zehen … in deinen Hals; in deinen Kopf … überall hin.

Die Luft, die du gerade jetzt atmest, kommt von Bäumen und Gräsern, von lauter grünen Pflanzen. Viele feine Luftfäden sind zwischen dir und all den Pflanzen, zu jedem grünen Blatt, zu jedem Grashalm. Sie sind alle mit dir verbunden.

Die Luft war vorher schon bei Tieren und Menschen in anderen Ländern. Sie wurde auch dort ein- und wieder ausgeatmet. Ein Indio in Südamerika hat sie geatmet … ein Känguruh in Australien hat sie geatmet … eine ganze Elefantenherde in Afrika hat sie geatmet … ein kleines Mädchen in England hat sie geatmet … ein Delphin im Ozean hat sie geatmet … ein Panda-Bär in China hat sie geatmet. Jetzt wachsen von dir auch dorthin lauter feine Luftfäden … Jetzt verbindet dich ein ganzes Netz von Luftfäden mit vielen, vielen Wesen. Sie alle sind deine Luft-Geschwister.

Jetzt achte wieder auf deinen Atem – **ein** – eins … zwei … drei … **aus** – eins … zwei … drei … **ein** – eins … zwei … drei … (drei Atemzüge lang). Achte auf die Geräusche vom Wind. Kannst du den Wind an deiner Haut spüren?

Jetzt streck dich ein wenig, und dann darfst du die Augen wieder öffnen!"

Feuer

Kinder sind fasziniert vom Feuer. Das liegt nicht nur an seiner Bedrohlichkeit oder am Reiz des Verbotenen, sondern vielmehr daran, daß sich im Feuer etwas Eigentümliches ausdrückt, etwas fast Lebendiges: Feuer ist Energie.

Energie ist der verborgene, antreibende Faktor unserer Lebensprozesse, aber auch der gesamten Dynamik, die wir um uns herum wahrnehmen können: Wind, Wellen, Wetter, Blitz und Donner, Wachstum, natürlich auch alle unsere Maschinen, jedwede Bewegung. Überall, wo irgend etwas „geschieht", ist Energie im Spiel.

Energiequelle für das Leben auf der Erde ist ein großes, helles Feuer am Himmel, die Sonne. Die Bäume und alle grünen Pflanzen sind fähig, die Sonnenenergie in Lebensenergie umzuwandeln – so wird aus Sonnenlicht, Wasser, Erde und Luft z. B. ein Apfel oder Ahornsirup, Kohlrabi, Weizen … oder Holz zum Bauen und zum Feuermachen. Auch Gas, Öl und Kohle sind nichts anderes als „eingefrorene" Sonnenenergie. Vor vielen Millionen Jahren haben riesige Bäume das strahlende, warme Sonnenlicht gesammelt und zu Holz verwandelt. Anstatt einfach wieder zu vermodern, wurde das Holz aber tief in der Erde bewahrt und hat sich dabei über die lange Zeit verändert, so daß die Energie der Sonne noch stärker konzentriert wurde: Ein Kilogramm Öl gibt viel mehr Hitze, als ein Kilogramm Holz.

Die grünen Pflanzen sind also unsere Freunde, denn ohne sie würde uns das Sonnenlicht überhaupt nichts nützen – wir können das Sonnenlicht nicht essen, so wie die Bäume es tun!

All die Energie in uns, unsere Körperwärme, unsere Lust am Rennen und Toben, am Schmusen, Malen, Musizieren und Träumen, auch am Streiten – alle Energie kommt von der Sonne. Unsere Lebensenergie ist verwandeltes Sonnenlicht. Wir sind Sonnenkinder, genauso wie alle Tiere, wie die Bäume und die Blumen. Alles Leben ist verwandeltes Sonnenlicht. Aber auch die Wolken am Himmel sind ein Werk der Sonne. Ohne Sonne kein Wind, keine Wellen, kein Regen.

Es ist diese bewegende, bewirkende, dynamische Natur, die das Phänomen der Energie so geheimnisvoll macht. Kein Wunder, daß in vielen Kulturen Sonne und Feuer Symbole für das Göttliche waren, für den Urwillen „Ich bin!". In jedem Leben auf der Erde drückt sich dieser Wille aus, Energie ist so etwas wie unser „Lebensfunken".

Das Sonnenlicht ist Lebenslicht, die Sonnenwärme wird zu unserer Körperwärme.

Kleine Experimente machen die Kraft der Sonne für Ihr Kind erfahrbar: Focussieren sie die Sonnenstrahlen mit einer Lupe auf ein Stück Holz, bis es zu glimmen beginnt. (Eindrucksvoll ist auch, die Sonnenstrahlen kurz auf der Haut zu bündeln, bis es zu heiß wird.) Lassen Sie eine dunkle Fläche, z. B. ein schwarzes Stück Kunststoff, einen schwarzen Bucheinband o. ä. windgeschützt in der Sonne liegen und prüfen Sie nach einer Weile, wie er sich erwärmt – bekannt ist das Phänomen auch vom Armaturenbrett im Auto. Erhitzen Sie Wasser, indem Sie es in einem dunklen, schlanken Behälter (z. B. einer dunklen Plastikflasche vom Duschgel) der Sonne direkt aussetzen. Prüfen Sie nach zwei Stunden, wie warm das Wasser aus dem Behälter rinnt.

Wichtig ist, daß Ihr Kind Feuer erleben kann. Gönnen Sie der Familie einen romantischen Sommerabend am Lagerfeuer (Feuerstellen gibt es in der Nähe vieler Waldparkplätze, fragen Sie beim Forstamt nach). Braten Sie Kartoffeln und Stockbrot darin (dazu umwickeln Sie das Ende eines Stocks mit einfachem Brotteig und backen es dann am Stock direkt im Feuer). Lassen Sie die Kinder mit dem Feuer auch experimentieren – sie dürfen Holz nachlegen, stochern, Rauchzeichen geben und am Schluß die letzte Glut mit Erde ablöschen.

Der Meditation auf das Feuerelement geht ein Gespräch über die Bedeutung des Sonnenlichts für unser Leben voraus. Denken Sie gemeinsam darüber nach, was wäre, wenn es keine Sonne gäbe. Es wäre dunkel und kalt. Ohne Sonne gäbe es keinen Wind, keine Wolken, nur ewige, kalte Nacht. Die Ozeane wären bis zum Grund durchgefroren, alles Wasser wäre Eis, so hart wie Fels. Die Pflanzen könnten ohne Sonne nicht leben, also könnte es auch keinen Mutterboden geben, alles wäre nur Wüste. Ohne Pflanzen gäbe es keine Tiere, und auch Menschen hätten nichts zu essen – es gäbe kein Leben auf der Erde.

Zum Glück gibt es eine Sonne für uns – die Meere sind warm und darin wimmelt es von Leben. Überall sind grüne Pflanzen, die das Sonnenlicht empfangen und in „Lebenslicht", umwandeln: Wir können die Pflanzen essen, wir leben von dem Sonnenlicht, das sie gesammelt haben. Auch alle Tiere ernähren sich letztlich von den Pflanzen, so enthalten selbst Hähnchenbein und Fischstäbchen die gespeicherte Energie der Sonne.

Sie leiten die Meditation (natürlich an einem schönen Sonnentag) ein wie oben beschrieben. Dann geht es weiter:

Spüre die Wärme der Sonne auf Deiner Haut. Merkst Du, wo die Sonnenstrahlen dich direkt berühren? Die Strahlen dringen durch die Kleidung. Sie dringen durch die Haut in dich ein und wärmen dich.

Jetzt verwandeln die Sonnenstrahlen dich selbst in Licht. Während die Sonne in dich hineinscheint, verwandelt sich dein Körper mehr und mehr in strahlendes Licht.

Du bist jetzt ein Sonnenkind – nur helles, warmes Licht.

Allen Wesen um dich herum passiert das gleiche – während die Sonnenstrahlen in sie hineindringen, verwandeln sie sich in Sonnenwesen aus strahlendem Licht:

Der Baum wird zu einem Lichtbaum ...

jede Blume wird zu einer Lichtblume ...

jeder Grashalm ist aus Licht ...
jede Ameise wird zu einer Lichtameise ...
in den Mauselöchern sind lauter Lichtmäuse ...
das Reh wird zu einem Lichtreh ...
und auch ich werde zu einem Lichtmenschen ...
alle lebenden Wesen sind jetzt Sonnenwesen, wie du selbst!
...

Das Licht bekommt jetzt langsam wieder eine Form – die Lichtblätter werden langsam grün, das Fell der Mäuse und Rehe wieder braun – auch dein eigener Körper erscheint wieder in der gewohnten Form.

Jetzt bist du wieder ein Menschenkind ... Aber du weißt jetzt, daß du zugleich auch ein Lichtkind bist. Alle Lebewesen tragen das Sonnenlicht in sich.

Jetzt öffne die Augen, schau in den Himmel, streck dich ein wenig ... und komm deine Lichtmutti [bzw. deinen Lichtvati, deine Lichttante ...] umarmen!

Im Kapitel „Wald" findet sich eine weitere Sonnenmeditation – das **Sonnentierchen** (vgl. S. 95).

Erdfenster

Das ist eine Übung, die mein Lehrer Joseph Cornell erfunden hat.[15] Sie paßt ganz gut nach einer der Phantasiereisen zu den vier Elementen, insbesondere nach der zur Erde.

Ihr Kind liegt rücklings auf dem Boden, ganz flach und, wenn möglich, ohne Unterlage. Sie decken es mit Laub und Zweigen dicht zu, bis nur noch ein kleines Guckloch für die

---

[15] Joseph Cornell: *Mit Kindern die Natur erleben* (Ahorn-Verlag1979); *Mit Freude die Natur erleben* (Verlag an der Ruhr 1990); *Auf die Natur hören* (Verlag an der Ruhr 1990).

Augen bleibt – das Erdfenster. Ihr Kind kann sich jetzt vorstellen, daß es selbst ein Teil der Erde wird (oder einer der kleinen Bewohner des Bodens) und aus dem Fenster in den Himmel schaut. Sie selbst gehen ein kleines Stück weiter, bedecken sich ebenfalls mit Material vom Waldboden (Sie können es ja vorher zusammensammeln) und bleiben dann still liegen.

Irgendwann beginnt es hier zu kribbeln und da zu krabbeln, die Nase juckt und am linken Arm ist ein feuchter Fleck ... aber das gehört dazu. Bleiben Sie eine Viertelstunde lang so „im Boden" liegen.

Danach tut gegenseitige Massage im warmen Licht der Sonne sehr gut.

„Bauchen"

Haben Sie das Ritual eingeführt, Ihren Platz regelmäßig mit den Händen auf der Erde zu begrüßen? Ist Ihr Kind mit der Idee vertraut, daß man so etwas wie die Lebenskraft der Erde mit den Händen spüren und sogar aufnehmen kann?

Dann probieren Sie einmal diese Meditation aus: Legen Sie sich beide mit dem ganzen Körper bäuchlings und lang ausgestreckt auf den Wald- oder Wiesenboden, „Herz an Herz" mit der Erde. So, wie ein frisch geborenes Baby auf den Bauch seiner Mutter gelegt wird, liegen Sie jetzt auf dem Bauch Ihrer Mutter, der Erde. Spüren Sie die Erde mit dem ganzen Körper und nehmen Sie diese Lebenskraft mit dem ganzen Körper in sich auf. Lassen Sie sich ruhig viel Zeit, denn diese Übung fühlt sich schön an und wirkt sehr entspannend.

Wenn Sie möchten, können Sie „Bauchen" mit den folgenden Worten anleiten:

Erinnere dich an die Meditation, bei der wir selber ein Baum wurden. Durch unsere Wurzeln haben wir die Kraft der Erde aufgesogen.

Die Pflanzen werden von der Erde ernährt, so wie ein Säugling von der Milch seiner Mutter.
Die Tiere leben von den Pflanzen. So nehmen auch sie die Kraft der Erde auf. Das gleiche gilt für uns Menschen, auch wir nehmen mit den Pflanzen die Kraft der Erde in uns auf.
Alle Lebewesen sind Kinder von Mutter Erde. Die Erde ist fruchtbarer Boden, sie gibt uns Nahrung.
Auch alles, was wir anziehen, kommt letztlich von der Erde.
Das Wasser wird von der Erde gereinigt, bevor wir es trinken.
Selbst die Luft, die wir atmen, und der Platz, an dem wir wohnen, sind Geschenke von Mutter Erde.
Wie ein neugeborenes Kind bekommen wir alles, was wir brauchen, von unserer Mutter, der Erde.
So, wie ein Kind nach seiner Geburt zuerst auf den Bauch seiner Mutter gelegt wird, liegen wir jetzt mit unserem Bauch ausgestreckt auf unserer großen Mutter, die Erde. Wir schließen die Augen, spüren die Erde an unserem ganzen Körper, spüren die Liebe, mit der wir von unserer Mutter Erde empfangen werden.
...

Und zum Abschluß:

Wir werden uns all der anderen Kinder von Mutter Erde bewußt – unserer Geschwister. Da sind die großen Geschwister wie Bäume, Walfische oder Elefanten. Es gibt kleine Geschwister, wie Gänseblümchen, Ameisen oder Rotkehlchen. Und Geschwister, die so groß wie wir – Holundersträucher, Hunde und natürlich alle Menschen. Wir alle haben eine große Mutter, die Erde.
Jede Mutter wird traurig, wenn ihre Kinder sich gegenseitig Schaden zufügen. Deshalb versprechen wir, daß wir auf unsere Geschwister achtgeben und keines verletzen.

„Die Vögel in der Luft sind meine Brüder..."

Abrundender Abschluß einer schönen Zeit im Freien ist dieses Gedicht von Joseph Cornell. Sie können es gemeinsam sprechen (Kinder lieben es, solche kurzen Gedichte auswendig zu kennen) oder Sie sprechen es Zeile für Zeile vor. Wenn Ihr Kind dabei Zeile für Zeile wiederholt, bekommt diese Meditation leicht etwas Zeremonielles, Gebethaftes – das ist in Ordnung, wenn Sie beide dies mögen; die meisten Erwachsenen und Kinder schreckt es jedoch eher ab. Es gibt übrigens auch eine gesungene Version dieses Gedichtes, doch für ein meditatives Erlebnis eignet sich die folgende Rezitation viel besser.

Zum Abschied von Ihrem Platz legen Sie die Hände auf die Erde, spüren einen Augenblick lang ihre Kraft. Dann sprechen Sie langsam, mit Pausen zwischen den Zeilen:

Die Vögel in der Luft sind meine Brüder.
Die Blumen sind meine Schwestern.
Die Bäume sind meine Freunde.

Alle lebenden Wesen,
die Berge und die Flüsse
nehme ich unter meinen Schutz.
Denn diese grüne Erde ist meine Mutter.

In der Luft über uns ist Geist verborgen.
Ich teile mein Leben mit allen, die auf der Erde sind,
und jedem gebe ich meine Liebe.
Jedem gebe ich meine Liebe.[16]

Lassen Sie noch eine besinnliche Minute mit den Händen auf der Erde verstreichen, und nehmen Sie dann, ohne die Verbindung zur Erde zu lösen, die Hände wieder auf.

---

[16] Joseph Cornell: *Mit Freude die Natur erleben.* Mülheim 1991, S.120.

Situationen

Erlebnisräume

Hier finden Sie Anregungen für die verschiedenen Naturräume, in denen Naturmeditationen auf je eigene Weise möglich sind. Manche davon sind abgewandelte Formen der zuvor beschriebenen Grundübungen (in den Kapiteln „Sich Versenken"; „Zwiesprache"; „Einssein"). Andere Übungen ergeben sich aus den besonderen Möglichkeiten des jeweiligen Lebensraumes.

Wald

Sie haben sicherlich bemerkt, daß für die meisten Meditationen in diesem Buch der Wald die am besten geeignete Umgebung ist. Wälder sind etwas ganz Besonderes. Wir Menschen kommen aus den Wäldern, unsere Vorfahren waren im Wald heimisch, und etwas von ihrem Blut fließt noch immer durch unsere Adern. Wälder bestehen aus Bäumen, und zu den Bäumen haben wir Menschen eine enge Beziehung – sie sind aufrecht wie wir. Sie verbinden Himmel und Erde, indem sie aus der Erde das Wasser ziehen, es den Stamm bis hinauf bis zur Krone tragen und dort in den Himmel verströmen, und indem sie die Kraft der Sonne in ihren Blättern sammeln, sie den Stamm hinunter bis in die Wurzeln und in die Erde hinein transportieren, wo sich Pilze davon ernähren. Wir Menschen verbinden „Himmel" und „Erde" auf eine andere Art, indem wir zugleich „Geist" und „Körper" sind.

Bäume sind gestaltgewordene Lebensgeschichte – alles, was ihnen widerfuhr, hat sich in ihrem Wuchs festgeschrieben: die Bodenqualität, der Ablauf der Jahreszeiten sowie fette und magere Sommer in den Jahresringen, Stürme in den abgebrochenen Ästen, Blitze in den Narben auf der Rinde ... In ähnlicher Weise formt auch uns Menschen das, was uns widerfuhr: was wir in unserer Kultur, in unserer Sprache und von der Familie lernten, alle unsere Erfahrungen, Erlebnisse. Aber im Unterschied zu den Bäumen gilt das für uns nicht nur passiv – auch das, was wir denken, sagen und tun wird zu einem Teil von uns, so wie die Jahresringe der Bäume.

Jede Kultur kennt einen Lebensbaum (bei uns ist es die „Weltenesche"). Viele Völker haben eine Verbindung zu einem besonderen Baum – die Tschechen z. B. zur Linde, wir Deutschen zur Eiche, die Kanadier zum Ahorn. Die Germanen hielten Thing unter Linden, und ich hatte und habe noch immer wie viele andere Menschen auch „meine" Bäume, die ich ab und zu besuche, um mir Kraft, Ruhe oder guten Rat zu holen.

Nirgendwo wird die „Vielschichtigkeit" des Lebendigen so erfahrbar wie im Wald – da gibt es das „Untergeschoß" mit der braunen, duftenden Erde, mit Steinen, Wurzeln, unzähligen Tieren, den Pilzgeflechten ... Dann das „Erdgeschoß" mit Kräutern, Moos und den großen vierbeinigen Tieren wie Reh oder Wildschwein. Die Sträucher und niedrigen Bäume bilden ein „erstes Geschoß" – es ist die Heimat vieler Vögel, Insekten und auch derer, die gut klettern können, wie Marder oder Eichhörnchen. Und die Könige des Waldes, die großen Bäume mit ihren mächtigen Kronen, bilden schließlich das „Obergeschoß" und zugleich das Dach des Waldes. Auch hier sind viele Tiere zuhause. In diesem „Zauberschloß" mit Stockwerken, großen Hallen und den grün gekrönten Königen findet sich eine unglaubliche Vielfalt von Lebewesen: von kleinsten Pflanzen von Moos und Flechten bis hin zu 40 Meter hohen Tannen; von winzigen Käferchen im Boden bis hin zum gewichtigen Wildschwein.

Im Wald ist immer etwas los – tags, nachts, zu jeder Jahreszeit sind Naturschauspiele im großen und kleinen geboten: Im Frühjahr zeigt sich das erste Grün, alles blüht, die Tierkinder werden geboren und aufgezogen; im Sommer reifen die Früchte der Bäume, jedes Kraut kommt zu seiner Zeit aus der Erde ans Sonnenlicht. Im Herbst beeindrucken uns die Färbung des Laubes, die leckeren Nüsse und Maroni, der Fall der Blätter. Im Winter verzaubern Eis und Schnee den Wald auf ihre Weise: Tierspuren werden sichtbar, die immergrünen Tannen spenden auch im tiefsten Schlaf der Natur die Zuversicht, daß das Leben im Frühjahr wiederkehren wird. Auch in völlig dunkler Nacht ist der Wald voller Leben – Wildschweine und Dachse, Igel, Marder, Eulen und Füchse sind jetzt unterwegs. Jeder kennt den unheimlichen, nächtlichen Ruf des Kauzes und das Bellen der Rehböcke.

All dies bietet unerschöpfliche Anregung für meditative Naturerfahrungen. Wenn Sie sich auch selbst auf die Geheimnisse des Waldes einlassen, werden Ihnen immer wieder neue Ideen zufließen. Fast alle der zuvor beschriebenen Übungen passen in den Lebensraum Wald. Hier eine Auswahl weiterer Anregungen:

Bilderrahmen

Sie haben sicher schon oft erlebt, daß Ihnen in der Natur ganz unvermutet ein „Kunstwerk" begegnet ist – eine auffällig geschwungene Wurzel, eine gelungene Collage farbiger Blätter, Eisskulpturen ... Gehen Sie mit Ihrem Kind auf die Suche nach Natur-Kunstwerken und rahmen diese mit Stöcken ein. Wenn jeder zwei oder drei gefunden hat, gibt es eine Führung durch die Waldgalerie ... tauschen sie sich darüber aus, was die Kunstwerke Ihnen sagen!

Eine Variante ist **Original und Fälschung**. Gestalten Sie in einem Bilderrahmen Ihr eigenes Kunstwerk, jeder eines ... (vielleicht läßt es sich mit Naturkunst verbinden). Betrachten Sie gegenseitig Ihre Werke, und dann verändert jeder unbeobachtet fünf kleine Details am Kunstwerk eines anderen. Danach muß der Künstler die fünf Veränderungen herausfinden.

Blattmemory

Sammeln Sie verschiedenartige Blätter und breiten Sie sie auf einem einfarbigen Tuch auf dem Boden aus. Von jeder Sorte sollte nur ein Blatt vertreten sein. Ihr Kind darf sich ein Blatt aussuchen, ohne zu verraten, welches. Durch einfache Ja-Nein-Fragen über die Form des Blattes (nicht über seine Farbe und seinen Zustand!) versuchen Sie herauszufinden, um welches Blatt es sich handelt: „Hat das Blatt einen glatten Rand?" „Ist es breiter als lang?" usw. Wenn Sie es herausgefunden haben, wechseln Sie die Rollen. Auf diese Weise können Sie Begriffe einführen wie „netznervig" und „parallelnervig", „wechselständig" und „gegenständig", „Blattfieder", „gesägt", „gezähnt", „gekerbt" usw. So schulen Sie Ihre Beobachtung und die Ihres Kindes. Die Begriffe sind in jedem guten Bestimmungsbuch auf den ersten Seiten erklärt, dort finden sie auch anschauliche Zeichnungen. Sinnvoll ist es, nach jedem erratenen Blatt gemeinsam den Baum oder das Kraut zu suchen, zu dem dieses Blatt gehört. Wie stehen die Blätter am Zweig bzw. am Stengel? Wie ist die Rinde beschaffen? Wie sehen Blüten und Früchte aus? Wie die Knospen?

Waldfee

Sie glauben nicht, daß in Ihrem Wald eine gute Fee wohnt? Doch – es gibt sie, und Ihr Kind wird sie auch finden.

Kündigen Sie an, daß Sie Ihr Kind der Waldfee vorstellen möchten. Da man der Fee nur im Dunkeln begegnet, müssen Sie ihm allerdings die Augen verbinden. Dann geben Sie Ihrem Kind den Schlüssel zum Haus der Waldfee, nämlich ein geheimnisvolles Material (Rinde, Bucheckern, ein Ilexblatt …) in die linke Hand: Zuerst legen Sie es auf die flache Hand und lassen es einen Augenblick liegen (halten Sie die Hand Ihres Kindes solange offen, es soll noch nicht zugreifen), dann streichen Sie mit dem Material über die Handfläche und Finger, zum Schluß darf Ihr Kind seine Hand schließen und selber tasten. Dieses Material behält es in der linken Hand.

Jetzt führen sie Ihr Kind umher: Mit der rechten Hand bekommt es andere Materialien ebenso intensiv zu spüren (vermodertes Holz in der Spechthöhle eines umgefallenen Baumstamms; den Pelz der Clematis-Samen; Springkraut-

„knubbel", die bei Berührung ihre Samen herausschleudern; matschige Erde an einer Pfütze ...). Ihr Kind soll dabei testen, ob das Material in der rechten Hand dem in der linken entspricht, denn wenn es so ist, dann hat es den geheimen Wohnort der Waldfee entdeckt.

Je nach Alter Ihres Kindes sind fünf bis zehn Stationen genug, dann endlich spürt Ihr Kind in der rechten Hand das gleiche Material wie in der linken. Aber halt... – es muß dunkel bleiben, damit die Waldfee nicht wegläuft! Begrüßen Sie die Fee mit der geheimen Waldparole:

„So tief in die Erde wie ein Baum, so geht mein Weg!"

Sie antwortet, wie es sich gehört, mit dem zweiten Teil der Parole:

„So hoch in den Himmel wie ein Baum, so geht mein Weg!"

Vielleicht übernimmt ein anderer Elternteil mit feenhafter Flüsterstimme(!) den Part der Waldfee. Oder Sie lassen Ihr Kind einfach in dem Augenblick los, wo es der Waldfee gegenübersteht. Bewegen Sie sich leise auf ihren Platz und sprechen für sie.

Die Waldfee haucht, daß Ihr Kind drei Wünsche frei hat (das ist immer so, wenn man der Waldfee begegnet). Es darf seine drei Wünsche vortragen oder, wenn kein Erwachsener die Wünsche hören soll, sie auch ganz leise in den „Schlüssel" sprechen, den es noch in der linken Hand hält. Dann muß es diesen Schlüssel herschenken, die Waldfee nimmt ihn an – und Sie verabschieden sich gemeinsam. Gehen Sie mit Umwegen wieder zurück zum Ausgangsplatz, legen Sie Ihr Kind zu den Füßen eines hohen Baums, so daß es am Stamm hinauf in die Weite schaut, wenn sie ihm die Augenbinde wieder abnehmen.

Und Vorsicht – die Wünsche gehen wirklich in Erfüllung!

Weitere Übungen in dieser Art sind **Baum-Memory, Mikroskop** oder **Fotograf und Kamera.** Alle sind im letzten Teil des Kapitels „Sich Versenken" beschrieben (S. 50–52).

Sonnentierchen

Dazu brauchen Sie einen sonnigen Tag und ein Waldstück mit Wechsel von Licht und Schatten. Verbinden Sie Ihrem Kind die Augen und verwandeln es in ein wärmeliebendes Sonnentierchen. Wenn es warm genug ist, sind Sie beide dabei auch barfuß. Dann gehen Sie langsam über den Waldboden, so daß sich Sonne und Schatten immer wieder abwechseln. Wenn das Sonnentierchen die wärmenden Strahlen der Sonne spürt, fühlt es sich wohl, es sagt „hm!" und „ah!" und streckt seinen freien Arm dem Licht entgegen. Im Schatten ist ihm weniger wohl, es sagt „brrrrr!" und „huh!", läßt den Arm sinken, zieht sich sogar zusammen, wenn es zu lange im kühlen Schatten laufen muß.

Hinterher kann Ihr Kind versuchen, den Weg herauszufinden, den Sie gegangen sind, und danach wird natürlich gewechselt ... jetzt sind Sie ein Sonnentierchen!

Mit mehreren Kindern wird aus dem Sonnentierchen eine **Sonnenraupe**: Die Kinder stehen mit verbundenen Augen hintereinander und halten sich mit der rechten Hand am Vordermann fest. Die linke Hand reckt sich dem Sonnenlicht entgegen, je wärmer, um so höher, und zeigt auf die Sonne. Im Schatten sinkt sie wieder hinunter.

Der siebte Sinn

Ist Ihnen das auch schon passiert, daß Sie in völliger Dunkelheit wie mit einer Art „Radar" spüren, wenn Sie sich auf eine Wand oder auf ein großes Hindernis zu bewegen? Probieren Sie es aus – viele Menschen haben eine Art siebten Sinn, auch und gerade Kinder.

Es gilt, mit verbundenen Augen einen Baum aufzuspüren. Führen Sie Ihr Kind ein wenig umher und bleiben Sie dann in der Nähe eines großen (lebendigen) Baumes stehen – vier, fünf Schritte entfernt. Lassen Sie Ihr Kind dann los. Es bleibt einen Augenblick ruhig stehen, um zu spüren, wo der Baum wohl ist. Dann darf es sich langsam und ohne Ihre Hilfe langsam in die Richtung bewegen, in der es den Baum vermutet. Wenn es den Baum nicht findet, nehmen Sie einen neuen Anlauf (nach meiner Erfahrung sind 80% aller Versuche erfolgreich). Wenn Ihr Kind den Baum gefunden hat, wechseln sie, jetzt ist es an Ihnen, Ihren siebten Sinn zu üben. Auch wenn es nicht auf Anhieb gelingt, ist es eine interessante Erfahrung. Und wenn Sie an einen siebten Sinn nicht glauben, dann nehmen Sie es einfach als meditatives Ratespiel – ein schönes Erlebnis ist es dennoch, den Baum zu finden.

Stapelstöckli

Sammeln Sie verschieden große Stöcke (bis hin zu kleinen Zweigen) und bauen Sie gemeinsam daraus eine viereckige Pyramide: Legen Sie die beiden größten Stöcke parallel auf den Boden, die nächsten zwei genau quer darüber, so daß ein Viereck entsteht. Die nächsten beiden wieder in der ursprünglichen Richtung, die nächsten wieder quer usw. ...

Es wird spannend, wenn die Pyramide höher wird, denn das Ganze soll nicht zusammenstürzen. Interessanter wird Stapelstöckli, wenn Sie es als **Stapelstock-Mikado** spielen: Jeder sucht für den anderen aus, welchen Stock er auf die Pyramide stapeln soll. Am Anfang ist das noch leicht, aber wenn Sie genügend große Stöcke haben und die Pyramide langsam höher wird, wird die Aufgabe immer schwieriger, einen Stock darauf zu plazieren, ohne daß alles zusammenbricht. Wahrscheinlich wird der Stockstapel in recht künstlerischer Form heranwachsen, denn wichtig ist nicht, wie und wo aufgelegt wird, sondern nur, daß der Haufen nicht einstürzt. Ein interessantes Spiel, denn neben der Geschicklichkeit geht es auch darum, welche „Gemeinheiten" Sie sich gegenseitig zutrauen – einerseits wird alles mit voraussichtlich gleicher Münze heimgezahlt und der Turmbau auch für Sie nicht einfacher durch große Stöcke an wackliger Position. Andererseits ist das Ganze etwas langweilig, wenn Sie sich gegenseitig zu einfache Aufgaben stellen ...

Natürlich können Sie mit den Stöcken auch ein **Wald-Mikado** nach den traditionellen Regeln spielen: Werfen Sie alle Stöcke durcheinander auf einen wilden Haufen, und dann geht es los: Wer an der Reihe ist, zieht so lange ein Holz aus dem Haufen, bis sich der Haufen bewegt – dann muß er aufhören, und der nächste ist dran.

Stapelstöckli und diese beiden Waldmikados eignen sich besonders gut, wenn Sie ohnehin Holz für ein Lagerfeuer sammeln wollen.

Weitere Anregungen

Über die hier beschriebenen Meditationen hinaus ist der Wald natürlich auch ein Ort für die klassischen Kinderspiele wie **Schnitzeljagd, Verstecken, Schatzsuche** und – nicht zu vergessen – um auf Bäume zu klettern. Nehmen Sie auch einmal die Klassenkameraden oder die Nachbarskinder mit zu den Waldspielen. Nicht alle Aktivitäten im Wald müssen meditativen Charakter haben. Eine aktive und abwechslungsreiche Begegnung mit dem Wald wirkt in vielfältiger Weise heilsam auf die körperliche und seelische Entwicklung von Kindern. Wenn Sie sich in solche Spiele aktiv einbringen, tun Sie außerdem auch sich selbst und dem Verhältnis zu Ihren Kindern noch etwas Gutes.

Wiese

Keine Kindheit ohne Wiese ... sich verstecken im hohen Gras, bunte Blumen pflücken, der Geruch von frisch geschnittenem Heu, die Wärme der Sonne und der weite Himmel, unzählige Tautropfen am Morgen, Grillengesang und die aus dem Grün aufsteigende Feuchte an einem heißen Sommertag, das Gespinst der Flugfäden junger Spinnen im späten September, Schmetterlinge, Sauerampfer, Grashüpfer, Marienkäfer, Milchkühe und junge Kälber ...

Leider sind auch die Wiesen nicht mehr das, was sie einmal waren. Künstliche Düngung vertreibt die bunten Blumen, und allein aus Autoabgasen regnet bereits die Menge Stickstoff auf die Wiesen, die ein Bauer in den 50er Jahren im Durchschnitt auf seine Grünfläche brachte. Eine schöne, das heißt artenreiche Wiese zu finden, ist nicht mehr ganz einfach. Suchen Sie dort, wo keine Landwirtschaft betrieben wird oder wo sie aufgegeben wurde – an Berghängen, Waldrändern, Böschungen, in Niemandsländern.

Im Wald spiegeln vor allem Bäume die jeweilige Jahreszeit – auf der Wiese sind es die Blumen. Im zeitigen Frühjahr finden Sie zuerst vereinzelt gelbe Schlüsselblumen und Gänseblümchen, dann kommt im April mit Macht das Wiesenschaumkraut und zaubert weite, zarte lila Wolken auf das Grün. Im Mai folgt der Löwenzahn mit seinem kräftigen Gelb, und dank Überdüngung und Verdichtung des Bodens durch Traktoren findet er optimale Lebensbedingungen vor – die Wiesen sind über und über bedeckt mit lauter kleinen Strahlesonnen. Zwei, drei Wochen später haben sie sich in Pusteblumen verwandelt, dann machen sie Platz für den dottergelben Hahnenfuß, der meist als „Butterblume" verkannt wird. Danach – jetzt ist es schon Sommer – setzen sich vor allem weißblütige Pflanzen durch: Wiesenkerbel, Margeriten, Schafgarbe, wilde Möhre, Wiesenlabkraut, Wegerich, Bärenklau. Sie verblühen den Sommer hindurch, und andere Farben fallen wieder stärker auf: die violette Acker-witwenblume, die blauviolette Wiesenflockenblume, der lila Wiesenstorchschnabel, gelbes Johanniskraut, dunkelro-ter Wiesenknopf, die weithin rotleuchtende Karthäuser-lichtnelke, die rotviolette Kuckuckslichtnelke, der Rotklee ... Bis zum Herbstbeginn läßt auch diese Farbenpracht dann deutlich nach, die Herbstzeitlose rundet mit ihren krokus-ähnlichen Blüten das „Wiesenjahr" ab und gibt einen klei-nen Vorgeschmack auf das kommende Frühjahr.

Feuchte Wiesen bieten noch bedeutend größere Vielfalt: das schwer duftende Mädesüß, den zartvioletten Knöterich, die Pestwurz mit ihren gigantischen Sonnen- (oder Regen-) Schirmblättern usw. ...

Sie sehen, die Anschaffung eines Bestimmungsbuches lohnt sich[17] ... suchen Sie sich als Anfänger aus der riesigen Auswahl im Buchhandel eines mit nicht zu vielen verschie-denen Arten heraus. Für Anfänger ist es gut, wenn die Arten nach der Farbe der Blüten sortiert sind. Sind Sie schon etwas fortgeschritten und können „Korbblütler" von „Schmetter-lingsblütlern" oder „Lippenblütlern" unterscheiden, dann kaufen Sie ein Bestimmungsbuch, das nach Pflanzenfami-lien geordnet ist. Praktisch sind auch gut gemachte Univer-sal-Naturführer für Wald, Wiese und Wasser, dann brauchen Sie immer nur ein Buch (und immer das gleiche) mitzuneh-men. Zu gelegentlichen Erkundungen mit Ihrer Familie reicht das eine Buch dann völlig aus.

Für meditative Wiesenerlebnisse ist die Zeit der Wildblu-men gut geeignet. Im Spätsommer und Herbst sowie nach jeder Mahd bieten sich Wiesen aber viel mehr als großer Spiel-platz zum Austoben an. Dafür brauchen Sie dann mehrere Kinder – nehmen Sie Klassenkameraden Ihrer Kinder oder die Nachbarskinder mit!

---

[17] Z.B. *Natur erleben: Wiese* von Herbert Zucchi, Ravensburg 1988 oder *Naturspaziergang Wiese* von Bruno Kremer, Stuttgart 1990.

Kinder lieben es, barfuß über eine Wiese zu rennen. Wenn der Bauer zustimmt, ist eine **Heuschlacht** auf frisch gemähter Wiese ein großes Vergnügen – und nützlich noch dazu, denn so wird das Heu gründlich gewendet... Auch alle Arten von Fangspielen sind hier ohne jede Gefährdung möglich – der Boden ist weich und Autos sind (hoffentlich) weit weg. Zum Beispiel:

🍃 **Fuchs und Mäuse**: Sie bestimmen ein Spielfeld von etwa 25 mal 25 Metern und markieren mit Kleidungsstücken halb so viele „Mauselöcher", wie es Mitspieler gibt. In der Mitte ist der Fuchsbau (ebenfalls ein Kleidungsstück) – der schnellste wird jetzt zum Fuchs, alle anderen zu Mäusen. In den Mauselöchern sind die Mäuse vor dem Fuchs sicher, aber es paßt immer nur eine hinein, wenn eine zweite dazukommt, muß die erste wieder hinaus. Gefangene Mäuse schleppt der Fuchs zu seinem Bau. Dort können sie von zwei anderen Mäusen wieder befreit werden, indem beide eine gefangene Maus am Schwanz (d. h. am Bein) aus dem Fuchsbau herausziehen. Dabei sollten sie sich besser nicht vom Fuchs erwischen lassen... Nach einer Weile geben Sie ein verabredetes Signal – das ist das Zeichen für „verkehrte Welt" – jetzt jagen alle Mäuse den Fuchs. Wenn sie ihn haben, wird er an allen vieren zum Fuchsbau geschleppt.

🍃 Noch ein Spiel zum Austoben im 25 mal 25 Meter großen Wiesen-Feld: **Gandalfs Wurzelzwerge**. Der Zauberer Gandalf hat mal wieder eine List gegen den bösen Sauron im Sinn (Sie wissen schon, „Herr der Ringe") und braucht dafür ein paar Zwerge. Die haben aber keine Lust, also muß Gandalf sie fangen – jeder, der von Gandalf berührt wird, wächst augenblicklich an der Erde fest und geht in die Hocke. Aber auch die Zwerge können zaubern – wenn ein anderer Zwerg zuerst mit dem linken, dann mit dem rechten Bein über einen Wurzelzwerg steigt und dabei laut den Zwergenruf „*Rabauf!*" ausspricht, wird der Wurzelzwerg wieder frei! Zum Schluß werden Sie Gandalfs Hilfszauberer und setzen auch die letzten Zwerge noch fest, damit es nicht zu lange dauert.

Natürlich eignen sich auch alle Ballspiele für die Wiese: Fußball, Völkerball, Volleyball, Handball machen Spaß wie nie, wenn es keine Fensterscheiben, Blumenbeete und Autostraßen zu beachten gilt. Weitere Anregungen für Bewegungsspiele finden Sie im Kapitel „Winter" (S. 171).

Eine Wiese mit hohem Gras dürfen Sie natürlich nicht so behandeln, mancherorts ist es sogar verboten, landwirtschaftlich genutzte Wiesen im Frühjahr vor der ersten Mahd zu betreten. Weichen Sie dann auf ungenutzte Flächen am Hang oder am Waldrand für Ihre Erkundungsgänge und Meditationen aus, dort sind Sie ungestört.

Von den bisher vorgestellten Meditationen eignen sich auf einer Wiese:

🍃 **Schmetterlinge füttern, Wolken im Wind, Mit großen Ohren** (vor allem, wenn es Vögel, Insekten oder Grillen zu hören gibt) sowie **Mit den Füßen sehen, Mikroskop, Fotograf und Kamera** (dies vor allem mit den verschiedenen Blüten) aus dem Kapitel „Sich Versenken" (S. 29–52);

🍃 **Laublulatsch, Mandala, Mit der Brennessel sprechen** und **Spinnenherz** aus dem Kapitel „Zwiesprache" (S. 53–65);

🍃 sowie **Vier Elemente; „Bauchen"** und **Die Vögel in der Luft** aus dem Kapitel „Einssein" (S. 66–87).

Mikroskop und **Fotograf** sind auf einer Blumenwiese besonders reizvoll, wenn Sie eine Lupe verwenden, um in das Innere der kleinen Blütentempel von z. B. Taubnessel, Salbei, Gundermann oder Ehrenpreis zu blicken. Auch auf einer scheinbar ganz grünen Wiese lassen sich mit Hilfe des „Mikroskops" viele winzig kleine Blüten entdecken – Hirtentäschel, Labkraut, Günsel, Vogelmiere ...

🍃 Legen Sie in der Wiese mit Schnur einen ein bis zwei Meter langen Weg aus. Verwandeln Sie Ihr Kind mit dem Zaubertuch in einen Marienkäfer. Jetzt macht es sich mit Lupe oder „Mikroskop" auf den **Pilgerpfad eines Käfers**. In der kleinen Welt gibt es vieles zu entdecken und so manche unerwartete Begegnung mit anderem Getier.

🍃 Wenn Sie sich ein wenig mit charakteristischen Düften vertraut gemacht haben, können Sie ein **Duftmemory** spielen: Verbinden Sie Ihrem Kind die Augen und zerreiben Sie stark duftende Teile einer Pflanze unter seiner Nase. Danach darf es wieder sehen und soll die Pflanze in der Wiese herausfinden. Geeignet sind Knoblauchsrauke (wächst im April bis Mai an Waldrändern, Blätter und Stengel riechen stark nach Knoblauch), Pimpinelle (Blätter), Kamille (Blüten), Oregano und Thymian (ganze Pflanze, wachsen an trockenen Stellen), Mädesüß (Blüten), Holunderblüten, Pfefferminze (Blätter und Stengel, wächst eher am Waldrand), Veilchen (Blüten). Sie brauchen für diese Übung jeweils nur eine, zwei oder höchstens drei dieser Pflanzen am Standort.

Reise eines Löwenzahns

Warum verwandelt sich der gelbe Löwenzahn in eine Pusteblume? Die Pflanze versieht jedes Samenkorn mit einem kleinen Flugschirm, damit der Wind sie davontragen kann – so verbreitet sich der Löwenzahn. Schauen Sie sich die Löwenzahnsamen genauer an, wenn möglich mit der Lupe. Sehen Sie die kleinen Haken, mit denen sich das Samenkorn am Boden festkrallen kann, wenn es einmal gelandet ist?

Nachdem Sie Löwenzahnsamen mit der Puste auf ihre Reise geschickt haben, bietet sich an, diese Reise auch als Meditation nachzuvollziehen.

Leiten Sie die Phantasiereise wie üblich ein (s. Kapitel „Einssein" im Abschnitt über die vier Elemente, S. 69). Dann geht es weiter:

Jetzt verwandelst du dich in einen Löwenzahnsamen mit weichem Flugschirm. Du sitzt auf einer Pusteblume zusammen mit ganz vielen Samengeschwistern. Genau wie du warten auch sie alle auf den Wind, um davonzufliegen.

Da hörst du den Wind ... huuuiiih ... wie der Wind kommt und an der Pusteblume schaukelt, da springst du ab ... und schwebst mit dem Wind davon.

Der Wind trägt dich hoch hinauf ... huuuiiii ... jetzt bist du schon ein wenig höher als die Kronen der Bäume. Du fliegst über die Landschaft ... über Hecken und über einen kleinen Wald, ganz schnell trägt der Wind dich weiter. Wie Zwerge sehen die Menschen von hier oben aus, und die Bäume sind große grüne Tupfer.

Jetzt läßt der Wind etwas nach. Langsam segelst du hinunter ... Jetzt mußt du dir einen Platz zum Landen aussuchen. Da vorne ist eine kleine Wiese an einer Straße – paß auf, daß du nicht in den Büschen hängenbleibst oder gar auf der Straße landest ... da ist es schon passiert. Die Wiese ist verpaßt, du liegst auf dem Asphalt. Da kannst du nicht bleiben, denn da kannst du ja nicht zu einem Löwenzahn heranwachsen. Also wartest du auf den nächsten Windstoß.

Da... huii... kommt wieder Wind und nimmt dich noch einmal mit. Neben der Straße ist ein Garten, da gibt es Gras ... und das sieht gut aus! Also nichts wie hin... du schwebst zum Garten, sinkst langsam zum Boden herab, landest sanft im Gras. Hier möchtest du bleiben!

Du wirfst den Flugschirm ab und arbeitest dich durch bis hinunter zum Boden. Dort krallst du dich mit deinen kleinen Haken an der Erde fest, damit kein Wind dich wieder entführen kann.

Jetzt, wo du eine Heimat gefunden hast, streckst du ein Wurzelfüßchen in die Erde. Nun bist du fest mit Mutter Erde verbunden. Mit der Wurzel trinkst du Wasser. Dann wächst ein Trieb nach oben ins Licht. Du wirst jetzt ganz lang, verwandelst dich vom Samen in einen kleinen Löwenzahn: Die ersten Blätter entfalten sich, du empfängst das Sonnenlicht.

Aus der Erde trinkst du Wasser, aus dem Himmel bekommst du Luft und Sonnenlicht, so wächst du heran. Du bekommst viele schöne, starke Löwenzahnblätter. In deiner Mitte sammelt sich alle Kraft – da wächst jetzt eine strahlend gelbe Löwenzahnblüte. Wie eine kleine Sonne stehst du im Garten.

Es ist warm, und du fühlst dich wohl. Die Bienen kommen, und du schenkst ihnen Nektar aus deiner gelben Blüte. Die Bienen bedanken sich und fliegen wieder davon.

Jetzt verwandeln sich die gelben Blüten in lauter kleine Löwenzahnsamen mit zarten Schirmchen daran. Du legst all deine Kraft in die Samen, denn aus ihnen wird wieder neuer Löwenzahn wachsen.

Du stehst jetzt als Pusteblume im Garten, und all die kleinen Samen warten darauf, vom Wind davongetragen zu werden. Da kommt ein Kind aus dem Haus, pflückt die Pusteblume und bläst darauf... alle Samen fliegen hoch in den Himmel...

Jetzt verwandelst du dich wieder in ein Menschenkind. Bewege ganz leicht deine Füße, deine Beine, deine Hände, deine Arme. Ist Dein Bauch noch Pusteblume oder schon wieder Menschenbauch? Ist dein Kopf noch eine Blüte oder schon wieder ein Menschenkopf? **Wenn du wieder ganz Mensch geworden bist, darfst du die Augen öffnen.**

Es gibt übrigens ein ganzes Buch mit Meditationen zu den verschiedenen Wiesenblumen.[18]

Weitere Anregungen

Eine Blumenwiese lädt zum Pflücken ein – wenn Sie den Bestand nicht abräumen, wiegt die Freude am bunten Strauß daheim den „Frevel" an der Wiese wieder auf. Aus Blumen und Gräsern lassen sich auch Feenkränze winden, das Kleid der Wiesenkönigin weben[19], Sie können sich in die Wiesenkönigin und ihr Wiesenvolk verwandeln: Grashüpfer, Grillen, Schmetterlinge, Marienkäfer, Regenwürmer...

Übernachten Sie gemeinsam auf einer Wiese, am besten gar nicht so weit von zu Hause weg. Dann nehmen Sie anderthalb bis zwei Stunden vor Sonnenuntergang nur Ihre Schlafsäcke und Isomatten mit (Essen und Dusche gibt's ja daheim), und stecken auch noch etwas zu trinken, ein Fernglas und die Sternkarte ein.

Wiesen am Waldrand bieten in der Dämmerung ein spannendes Schauspiel – die Rehe treten zum Äsen aus dem Wald. Wenn Sie mucksmäuschenstill auf einem Heuballen oder hinter einer Bodenwelle versteckt in Ihren Schlaf-

---

[18] Sabine und Susanne Hufmann: *Blumen der Sonne*, München, Kösel-Verlag 1997.

[19] Anregungen in *Naturspielzeug* von Susanne Stöcklin-Meier, Ravensburg 1987.

105

säcken liegen und der Wind von vorne kommt, werden Sie Wild beobachten können. Auch ohne Wald können Sie in einer Landschaft mit wenigstens ein paar Hecken und Büschen beobachten, wie sich Fuchs und Hase in der Abenddämmerung „Gute Nacht" sagen. (Hochsitze sind ein geeigneter Platz zum Pirschen, auch wenn die Inhaber des Jagdreviers das nicht gerne sehen.) Im Frühjahr und zeitigen Sommer beeindruckt außerdem das Abendkonzert der Vögel. Wenn es dann dunkel geworden ist, haben Sie völlig freien Blick zu den Sternen, die ganze Nacht hindurch. Sie brauchen nur dann und wann zwischen Ihren Träumen die Augen zu öffnen und blicken – statt an eine Zimmerdecke – Tausende Lichtjahre tief ins Weltall …

Ihre Kinder werden sich ein Leben lang an solche Erfahrungen erinnern.

Am Wasser

Anregungen zu diesem Thema haben Sie ja schon im Kapitel „Einssein" bei der Reise zu den vier Elementen erhalten. Suchen Sie bei einem Spaziergang einmal alle Erscheinungsformen von Wasser auf, die Ihnen begegnen. Im Sommer können Sie in einem Waldsee oder einem Bachlauf baden. Ein warmer Sommerregen ist eine herrliche Dusche – lassen Sie sich doch einmal naßregnen, wenn der Weg nach Hause nicht zu weit ist, es macht wirklich Spaß! Ihr Kind sollte Wasser nicht nur als „technisches Produkt" aus der Leitung oder im Schwimmbad erleben.

Bach

Entdecken Sie das Leben im Bach: Drehen Sie die großen Kiesel um, denn unter ihnen halten sich viele kleine Wesen auf. Da sind die winzigen, faszinierenden Kiesel- und Sandhäuser der Köcherfliegenlarve (sie baut aus kleinen Steinchen und Sandkörnern richtige Röhren), Sie finden Schnekken, kleine Egel, die Steinfliegen- und Eintagsfliegenlarven, Libellenlarven, Strudelwürmer, Bachflohkrebse, Zuckmükkenlarven...und brauchen sich diese Namen alle nicht zu merken. Geben Sie den Tieren Ihre eigenen Namen! Für Kinder ab acht Jahren kann man ein Bestimmungsbuch mitnehmen.[20]
Sie können das Leben im Bach auch genauer unter die Lupe nehmen: Sie brauchen einen dicken, weichen Schul-Malpinsel, einen Suppenteller oder eine flache Schüssel (am besten in einer hellen Farbe und aus Kunststoff), ein großes Marmeladenglas – und natürlich eine Lupe. Mit dem Pinsel

---

[20] Z. B. Ralf Blauscheck: *Naturspaziergang am Wasser,* Stuttgart 1990; Wolfgang Engelhardt: *Was lebt in Tümpel, Bach und Weiher?,* Stuttgart 1986; H.Wildermuth: *Lebensraum Wasser,* Basel 1986.

kann Ihr Kind die gefundenen Tiere vorsichtig von den Steinen tupfen und in die mit Bachwasser gefüllte Schale geben. Dort lassen sie sich dann genauer ansehen. Finden Sie heraus, wie viele verschiedene Tierchen Sie finden können – und beobachten Sie sie genau: Körperformen, Bewegungen, Anhängsel, ... Unter der Lupe werden richtige Raubtiere aus den kleinen Flitzern, und manche von ihnen leben auch räuberisch. Schöpfen Sie in dem Marmeladenglas einfach einen Schwall Bachwasser und schauen dann, ob Sie dabei etwas im Glas gefangen haben.

Auf diese Weise können Sie mit Ihrem Kind gut und gerne zwei konzentrierte Stunden am Bach verbringen, ähnlich, wie mit **Ameisenkribbelkrabbel** (s. Kapitel „Sich Versenken", S. 31) oder das Beobachten einer Schnecke (S. 29).

Fügen Sie der Schale zuweilen etwas frisches Wasser zu, damit die Tierchen darin nicht ersticken. Und setzen Sie sie am Schluß alle wieder zurück in den Bach, ein jedes mit einem guten Wunsch für seinen weiteren Weg...

Teich

Auch am Teich gibt es viel zu beobachten. In einem Marmeladenglas läßt sich manchmal ein kleines Wassertier einfangen, spannender ist es jedoch, ohne technischen Aufwand das Leben *auf* und *über* der Wasseroberfläche zu beobachten. Nicht nur die bekannten Wasserläufer können über den Teich flitzen, sondern auch manche Spinnen und Käfer. Es gibt sogar einige, die mit einer Luftblase unter dem Bauch als Atemreserve kurzzeitig abtauchen. Libellen fliegen dicht über der Wasseroberfläche, mit etwas Glück lassen Sie sich bei der Paarung beobachten. Frühmorgens sieht man an Schilfhalmen, wie junge Libellen aus ihrer Puppe schlüpfen. Wenn Sie leise sind und sich vorsichtig bewegen, laufen Ihnen auch sicher einmal ein Frosch, eine Kröte oder ein Lurch über den Weg.

Meer

Das Meer ist besonders geeignet für meditative Erlebnisse. Wer hat nicht schon stundenlang am Strand gesessen, gebannt vom Meeesrauschen und dem ewigen Spiel der Wellen? Auch auf Kinder wirken diese Eindrücke, selbst wenn sie sich noch nicht so bewußt darauf einstellen. Aber ganz von selbst versenken sie sich am Meer in ruhige Aktivitäten: Sie bauen stundenlang mit Sand, legen Wassergräben an, sammeln Muscheln usw. An sauberen Abschnitten der Mittelmeerküste (nicht gerade in der Nähe der Touristenmetropolen und Großstädte) ist auch die Unterwasserwelt ein beeindruckendes Erlebnis – mit Taucherbrille und Schnorchel ist das „kinderleicht" (nehmen Sie aber unbedingt Qualitätsprodukte aus Deutschland mit!). Unter Wasser ist es viel stiller, der eigene Körper schwebt mühelos, es herrscht ganz eigenes Licht, ungewohnte Formen und intensive Farben vermitteln meditative Impressionen .

Gemeinsam mit Ihrem Kind können Sie Muschel-Mandalas auf den Strand zaubern, große Ornamente in den Sand arbeiten und abends aus Treibholz ein Lagerfeuer machen! Wenn Sie nicht gerade in der Nähe eines hell erleuchteten Touristenrummelplatzes sind, lassen sich die Sterne über dem Meer besonders gut beobachten.

Geben Sie Ihrem Kind auch die Möglichkeit, seine Erlebnisse kreativ auszudrücken – nehmen Sie Malzeug und / oder ein vertrautes, einfaches Musikinstrument mit in den Strandurlaub.

Außerdem...

...gehört zum Wassererleben für Kinder auch der Bau von Staudämmen, Kanalsystemen, Inseln, kleinen Flößen und Schiffen aus Stöckchen, Blättern etc. Ein ordentlicher Bach kann, etwas aufgestaut, ein rechtes Planschbecken abgeben.

An einem warmen Sommertag muß auch mal eine Wasserschlacht sein – packen Sie also Plastikgefäße zum Schütten, Handtücher und trockene Sachen ein!

An einem seichten Ufer läßt sich auch gut die Übung **Mit den Füßen sehen** durchführen (s.Kapitel „Sich Versenken" im Abschnitt „Mit verbundenen Augen", S. 49).

Die Reise des Wassers

Das ist eine Phantasiereise, zu der Sie Ihr Kind nach dem Wassererleben einladen. Holen Sie ein großes Glas voll Wasser aus dem Bach oder Teich. Dann sitzen Sie beieinander, halten das Wasser abwechselnd in den Händen und denken darüber nach, wo dieses Wasser eigentlich herkommt:

„Bevor es hier im Bach entlang geflossen kam, war es hoch oben in den Bergen."

„Da ist es aus einer Quelle im Wald gekommen. Und vorher war es unterirdisch."

„Ja, es ist als Regenwasser in den Boden gesickert. Und davor war es eine dicke graue Wolke am Himmel."

„Angefangen hat es als weiße Wolke über dem Meer…"

„Aber wie ist das Wasser ins Meer gekommen?"

„Es ist mit einem Fluß aus dem Regenwald ins Meer gelangt"

„Also war das Wasser im Glas auch schon mal in Afrika?"

„Ja, und auch in Amerika und auf den Anden und am Südpol…"

Malen Sie sich gegenseitig aus, wo dieses Wasser schon überall herumgekommen ist: Es war schon im ewigen Dunkel der Tiefsee, in unterirdischen Höhlen, für Tausende von Jahren als Gletscher im Himalaya, einen kurzen Morgen lang Tau auf einem Gänseblümchen… im Blut eines Zebras, als Saft in einem Eukalyptusbaum.

Jetzt legt Ihr Kind sich auf eine Decke, an einem warmen Sommertag auch einfach auf den Boden. Sie leiten die folgende Phantasiereise an (die Sie je nach Alter Ihres Kindes vereinfachen können, aber besser nicht noch weiter ausschmücken):

Merkst du, an welchen Stellen dein Körper auf dem Boden liegt? Wie fühlt sich das an den Füßen/Beinen … am Po … an den Armen … den Schultern … am Kopf an?
Dein Körper besteht zu zwei Dritteln aus Wasser. Dein Blut enthält Wasser, die Spucke. Überall in den Organen ist Wasser versteckt. Jetzt schließ die Augen und stell dir das viele Wasser in deinem Körper vor.
Jetzt wirst du selber ganz zu Wasser … Du läufst auf das Gras, sickerst in den Boden. Du fließt unterirdisch, bis du zu einer Quelle kommst.
Dort sprudelst du mit all dem anderen Wasser frisch ans Tageslicht … Bald läufst du im kleinen Rinnsal durch die Landschaft. Das Rinnsal mündet in einen Bach hinein. Der Bach bekommt auch noch Wasser von anderen Rinnsalen. Er vereinigt sich mit einem anderen Bach. Jetzt bist du schon ein kleiner Fluß.
Du fließt durch ein Dorf hindurch. Es geht unter einer Brücke her, an Häusern vorbei.
Fische und kleine Krebse wohnen im Wasser, Muscheln und Pflanzen.
Jetzt mündest du in einen breiten Strom, du wirst eins mit dem Wasser des großen Flusses. Jetzt kannst du schon Schiffe tragen, und eine ganze große Stadt mit Wasser versorgen.
Dein Wasser nährt Menschen und Tiere. Es kühlt Fabrikmaschinen. Es löscht ein kleines Feuer.
Du fließt immer weiter. Jetzt kommt flaches Land, deine Ufer werden weit. Du bewässerst riesige Felder.
Jetzt bist du am Meer. All dein Wasser ergießt sich in den endlosen Ozean. Schmeck das salzige Wasser. Du bist ein

Wassertropfen im weiten Meer. Da sind Walfische ... Heringe ... Schildkröten ... Krebse ... Quallen ... unzählige Pflanzen. Du trägst große Ozeandampfer an ihr Ziel.

Du ziehst mit den starken Meeresströmen rund um den ganzen Erdball.

Aber die Sonne leckt dich auf – jetzt zieht es dich plötzlich hoch hinauf in die blaue Luft. Dort schwebst du in einer Wolke. Rings um dich herum ist nur Raum, unter dir, über dir, vor dir, hinter dir und neben dir – alles Luft.

Bald kommen andere Wolken dazu. Der Wind treibt euch zu richtigen Haufen zusammen. Ihr zieht gemeinsam auf das Land zu.

Schau, wie der Strand da unten immer näher kommt – jetzt fliegst du schon darüber hinweg.

Jetzt sind grüne Wiesen und silbrig glänzende Flüsse tief unter dir, ... die Straßen und Städte der Menschen. Und da vorne, da kommt ein Gebirge. Uh, ist das hoch, ob du da wohl drüberkommst?

Als der Wind dich über den Berg heben will, wird es dir ganz schwer zumute. Aus dem leichten weißen Wolkenflaum wird eine dicke graue Regenwolke. Jetzt ist alles nur noch Nebel, und unzählige feine Tropfen entstehen. Die feinen Tropfen werden immer fetter. Jetzt sind sie so groß, daß sie sich nicht mehr halten können. Dann regnet all das Wasser nach unten – hör nur, wie es rauscht. Ein richtig großer Regen ...

Du fällst als Regentropfen nach unten, auf den Bergwald zu. Erst landest du auf einem Blatt. Dann tropfst du von dem Blatt auf ein anderes Blatt darunter. Schließlich landest du – plopp- in einer Pfütze auf dem Boden.

Als es aufhört zu regnen, kommen Tiere, um zu trinken. Alle suchen nach einer Pfütze: die Vögel ... die Rehe ... Eichhörnchen ... Hasen ... selbst die kleinen Ameisen. Du bist glücklich, einer kleinen Maus genug zu trinken geben zu können.

112

Aber wer trinkt, der muß irgendwann auch Pipi. So sammelt sich alles Wasser bald wieder unterirdisch im Wald. Das Pipi wird gereinigt, während es nach unten sickert, der Waldboden ist ein feiner Filter. Alles, was nicht zum Wasser gehört, wird von Bakterien gefressen oder von feiner Erde zurückgehalten. Du findest bald einen Weg zur Quelle. Du kommst wieder ans Tageslicht. Schon wieder fließt du in einem Bach. Der Bach geht durch den Wald ... und jetzt aus dem Wald heraus, genau an unserer Wiese vorbei. Jetzt kommst du gerade dort an, wo wir das Glas Wasser eben geholt haben. Und von da hole ich dich zurück und verwandele dich wieder in einen Menschen ... [Sie spritzen ein wenig Wasser von dem Glas über Ihr Kind] – „Augen auf! Jetzt bist du wieder bei mir!"

Danach nehmen Sie das Glas mit Wasser in die Hände und tauschen sich darüber aus, welchen Wesen das Wasser auf seiner Reise noch begegnen wird. Es wird von durstigen Tieren getrunken, es wird Felder bewässern und Schiffe tragen, vielleicht ein Wasserrad oder ein Kraftwerk antreiben, Menschen werden damit duschen oder ihre Kleider waschen ... Sie können sich gemeinsam einige gute Wünsche für all die Wesen ausdenken, denen das Wasser noch helfen wird, z. B.: „Mögen all die Wesen, die mit dem Wasser in Berührung kommen, von dem geheilt werden, was sie gerade am meisten plagt!"

Dann sprenkeln Sie Ihrem Kind von dem Wasser etwas ins Gesicht und bringen es anschließend zurück zum Bach oder Teich. Lassen Sie Ihr Kind das Wasser langsam zurückgießen, dabei können Sie, wenn es in die Stimmung paßt, einige Zeilen aus der berühmten Rede des Häuptling Seattle vorlesen:

Glänzendes Wasser, das sich in Bächen und Flüssen bewegt, ist nicht nur Wasser, sondern das Blut unserer Vor-

fahren. [...] Das Murmeln des Wassers ist die Stimme meiner Vorväter und Vormütter. Die Flüsse sind unsere Brüder. Sie stillen unseren Durst. Sie tragen unsere Kanus und nähren unsere Kinder. Ihr müßt eure Kinder lehren: die Flüsse sind unsere Brüder – und eure. Und ihr müßt von nun an den Flüssen eure Güte geben, so wie jedem anderen auch.

In der Nacht

Eine Nacht unter den Sternen

Warum nicht mal gemeinsam eine Nacht im Freien verbringen? Beobachten Sie das Farbenspiel des Sonnenuntergangs und die ersten Sterne am tiefblauen Firmament. Erleben Sie das Eindämmern im Wald, jene geheimnisvolle Stimmung eines Feier-Abends in der Natur. Lassen Sie die abertausend Lichter des klaren Sternenhimmels auf sich wirken – eine ganze Nacht lang! Gehen Sie auf Entdeckungsreise unter den Sternbildern, begegnen Sie all den Helden der griechischen Sagenwelt. Machen Sie eine märchenhafte Reise entlang kleiner Lichter im stockdunklen Zauberwald, lauschen Sie den Lauten wilder Tiere in der Nacht und lassen Sie sich am Morgen vom ersten Vogelruf wecken ...

Ein solches Naturerlebnis wird Ihrer Familie unvergeßlich – und zu einer Kindheit gehört es eigentlich dazu. Suchen Sie sich einen geeigneten Platz aus mit genügend Abstand zu Straßen und Siedlungen, ohne gefährliche Löcher, Abhänge und Stacheldraht. Ideal ist eine Wiese am Rande eines dichten, artenreichen Waldes. Vielleicht eignet sich ja auch „Ihr" Platz im Wald? Warten Sie auf eine warme Sommernacht mit sicherem Wetter – es darf zwar einen Regenschauer geben; ein Gewitter, ein Wolkenbruch oder gar Dauerregen wäre jedoch schlecht, denn für eine Nacht unter den Sternen nehmen Sie kein Zelt mit!

In dieser Nacht wollen Sie auch kein Feuer machen (dafür ist ein Lagerfeuerabend an offizieller Feuerstelle gedacht). Deshalb sieht Ihr Gepäck so aus:

Warme, wald- und wetterfeste Kleidung von Kopf bis Fuß; ein Satz trocken verpackter Ersatzkleidung, Regenzeug.

🍃 Schlafsack und Isomatte für jeden. Verwenden Sie keine Billigschlafsäcke aus dem Kaffeegeschäft, die taugen nicht mal für den Campingplatz. Auch im Sommer kann es im freien Gelände sehr kalt werden ... Gute Mumienschlafsäcke aus dem Kaufhaus reichen aus – kaufen sie für Ihr Kind gleich einen, den es noch die nächsten zehn Jahre über verwenden kann, also groß und warm genug! Wenn Ihr Kind erst mal ins Rucksack-Reise-Alter kommt ... Schlafsäcke bei Freunden auszuleihen statt neu zu kaufen macht die Nacht unter den Sternen übrigens gleich viel billiger.

Die grünen Schaumstoffisomatten für günstige DM 10,– reichen völlig aus und halten eine kleine Ewigkeit.

🍃 Zwei Plastikmüllsäcke pro Person als Biwakhülle für den Schlafsack, falls doch ein Schauer kommt.

Falls es regnen sollte, ziehen Sie einen der Säcke über den unteren Teil des Schlafsacks. In den zweiten Sack reißen Sie ein etwa kreisrundes Loch von mindestens 40 cm und ziehen ihn dann über die obere Hälfte des Schafsacks – so, daß das Gesicht aus dem Loch schaut und der Rest des Sacks als Kapuze über dem Kopf hängt.

🍃 Vesper und Getränke, eine Thermoskanne mit heißem Tee für morgens. Falls es kein Wasser in der Nähe Ihres Platzes gibt, denken Sie an eine große Flasche Leitungswasser für Katzenwäsche und Zähneputzen.

🍃 Handtuch, Zahnbürste, Anti-Mücken-Öl, eine Rolle Toilettenpapier, kleines Erste-Hilfe-Paket mit Zeckenpinzette (s. Kapitel „Sicherheit", S. 22), drei Telefongroschen und für alle Fälle den Weg zum nächsten Telefon im Kopf.

25 Teelichter, zehn leere Gläser (z. B. kleine Marmeladengläser), Feuerzeug, Taschenlampe und ein geheimes Utensil, mit dem sich ein interessanter Ton erzeugen läßt (kleine Flöte, Glöckchen o. ä.)

Soweit vorhanden Sternkarte, Fernglas, Bestimmungsbücher, Märchenbuch, Liederbuch und ein Musikinstrument, das auch eine Nacht im Freien verträgt.

Wie wäre es mit einer Fahrradtour zu Ihrem Übernachtungsplatz? Dann müssen Sie das Gepäck nicht auf Ihrem Buckel schleppen ...

Eine Nacht unter den Sternen ist ideal für zwei oder drei Familien, vielleicht als Geschenk für die Kinder, wenn es einen Geburtstag, eine geglückte Versetzung o. ä. zu feiern gibt oder als Ersatz für ein nicht gehaltenes Versprechen.

Beginnen Sie mit dem Einrichten des Schlafplatzes und einem Vesper, wenn die Sonne noch hoch genug am Himmel steht. Sie können natürlich im Wald schlafen, haben aber mehr davon, wenn Sie sich am Waldrand auf einer Wiese niederlassen. Die überhängenden Äste schützen vor Tau und kleinen Schauern, dennoch haben Sie freien Blick auf die Sterne.

Wenn die Sonne untergegangen ist, gibt es ein reizvolles Erlebnis im Wald: Setzen Sie sich etwas entfernt voneinander jeder an einen Baum und beobachten **still und wach** das Eindämmern im Wald: Unsere Wahrnehmung verändert sich mit zunehmender Dunkelheit, manche Tiere gehen schlafen (die Amseln mit genausoviel Gezeter wie manche Kinder...), andere beginnen gerade jetzt ihre Tour: Igel, Rehe, Füchse... Von Ende April bis Anfang Juli ist das Vogelkonzert am Abend übrigens genauso beeindruckend wie das am frühen Morgen. Mit einem Zeichen (z.B. einer kleinen Glocke) rufen Sie

Ihre Rasselbande dann wieder zusammen. Lassen Sie aber genügend Zeit für das Erlebnis – warten Sie, bis eines der Kinder erkennbar unruhig wird.

In fortgeschrittener Dämmerung erscheinen die ersten Sterne am Himmel. Darüber läßt sich im anschließenden Kapitel über „Sonne, Mond und Sterne" mehr erfahren.

Jetzt bekommen die Teelichter ihren Auftritt – zwölf davon werden angezündet und an Ihrem Lagerplatz im Kreis aufgestellt. Sie sind zwar kein Feuer, verbreiten aber einige Stunden lang ein zauberhaftes Licht. Das ist genau die richtige Atmosphäre, um Waldmärchen zu erzählen und Lieder zu singen …

Mit den anderen zwölf Teelichtern (eines in Reserve) sowie den Marmeladengläsern hat es folgende Bewandtnis: Sie ziehen damit alleine los in den dunklen Wald und bereiten für die anderen eine *Lichterreise* vor. Stellen Sie etwa alle 150 Meter bzw. an markanten Wegpunkten ein Teelicht auf, das im Marmeladenglas vor Wind geschützt ist. Ihr Weg darf ruhig ein wenig abenteuerlich sein – erst auf dem breiten Fahrweg in den Wald hinein, dann abbiegen auf einen schmalen Fußpfad, durch stockdunklen Fichtenforst, durch Pfützen und über einen Bach … Suchen Sie zuvor im Hellen die Strecke aus (und seien Sie darauf gefaßt, sie im Dunklen nicht wiederzuerkennen).

Stellen Sie die Lichter mit Bedacht auf – zum Beispiel unter das grüne Blätterdach eines niedrigen Strauchs, das auf diese Weise wunderschön erleuchtet wird, oder an den knorrigen Wurzelfuß einer riesigen Tanne, oder in einen hohlen Stamm, oder lassen Sie ein Licht im Wasser einer Pfütze schwimmen … mit einem großen Marmeladenglas auf dem Grund der Pfütze läßt sich sogar eine Unterwasserbeleuchtung zaubern. Das letzte der zehn Lichter bekommt zwei Begleiter, und diese drei Lichter sind ein besonderes Zeichen.

Die Teilnehmer Ihrer Waldnacht sollen nämlich einzeln im Abstand von je fünf Minuten vom Lagerplatz losgehen und langsam Ihren Lichtern folgen. Das Erlebnis ist dann am eindrücklichsten, wenn man allein geht. Für Kinder unter sieben Jahren und Ängstliche wäre das jedoch eine Überforderung. Sie dürfen ausnahmsweise zu zweit entlang der Lichter wandern, aber ohne miteinander zu sprechen! An jedem Licht kann man etwas verweilen und sich „die Seele wärmen", bevor es durch den dunklen Wald zum nächsten Wegpunkt geht. Taschenlampen darf man zwar mitnehmen, aber nur im äußersten Notfall benutzen, ihr Schein würde den Zauber der Lichterreise zerstören.

Das letzte Licht ist dreifach, und dort wird etwas Geheimnisvolles geschehen… die Kinder sollen von dort aus einem ungewöhnlichen Ton folgen, den sie an dieser Stelle hören können. Verraten Sie nicht mehr.

Wenn Sie bei der Vorbereitung das siebte Licht gesetzt haben, rufen Sie laut den anderen am Lagerplatz das verabredete Zeichen zu, daß der erste jetzt losgehen kann. Warten Sie, ob zurückgerufen wird, daß man Sie verstanden hat. Dann setzen Sie die restlichen Lichter, und das zehnte wie erwähnt dreifach. Von hier aus verstecken Sie sich jetzt etwas mehr als hundert Schritte entfernt im dichten Wald. Es ist sehr wichtig, daß man Sie nicht sehen kann, auch nicht von ganz nah. Suchen Sie den Endpunkt der Lichterreise also entsprechend aus. Von Ihrem Versteck aus können Sie beobachten, wie die Kinder eines nach dem anderen beim letzten Licht ankommen. Warten Sie bei jedem ein wenig, und dann geben Sie mit Ihrem geheimen Utensil einen Laut – einen Glockenton, eine kurze Flötenmelodie… nicht zu deutlich, aber so, daß das Kind es sicher hören kann. Beobachten Sie seine Reaktion. Es sollte sich auf den Weg zu Ihnen machen und Ihnen immer näherkommen – geben Sie von Zeit zu Zeit einen weiteren Laut. Wenn das Kind ganz dicht bei Ihnen ist, sprechen Sie es an und berühren es – es darf sich jetzt zu Ihnen setzen und still auf den Nächsten warten. Ältere Kinder und Erwachsene dürfen Sie auch ein wenig erschrecken, indem Sie sie unvermittelt berühren, wenn Sie dicht vor ihnen stehen. Gemeinsam im Versteck zu sitzen und zu beobachten, wie jemand von leisen Tönen durch den dunklen Wald gelockt wird, bis er schließlich am Ziel ankommt, ist spannender als jeder Fernsehkrimi.

Als letztes sollte ein Erwachsener oder ein älteres Kind auf die Lichterreise gehen. Wenn dieser Letzte bei Ihnen angekommen ist, sitzen sie alle beisammen im Stockfinsteren – jetzt ist Zeit für ein Lied oder ein Märchen.

Danach sind alle schon so an die Dunkelheit gewöhnt, daß sie keine Angst mehr vor einem richtigen Abenteuerspiel haben: **Räuber und Beute.** Zwei Drittel Ihrer Gruppe verstecken sich dazu als Beutetiere. Die anderen sind Räubertiere. Sie zählen langsam und laut bis 40, damit sich die Beutetiere verbergen können. Wenn es wirklich dunkel ist, wird man von ihnen nichts, absolut nichts sehen können. Dann ziehen die Räubertiere los. Die versteckten Beutetiere geben ab und zu einen Tierlaut von sich, ein „oink-oink" oder „rchpfu", „pfdddt" oder „rargh-rargh". Nur daran können sich die Räuber orientieren, wo die Beute verborgen ist… Räuber-Beute ist kein Laufspiel! Die Beutetiere bleiben in ihrem Versteck, locken nur mit Rufen und springen nicht davon, wenn der Räuber in die Nähe kommt! Wenn ein Räubertier glaubt, Beute gefunden zu haben, stürzt er sich mit Gebrüll darauf. Das Beutetier antwortet mit einem lauten „Todesschrei" – und ist gefunden. Oft antwortet aber auch niemand, denn die vermeintliche Beute war nur ein Baumstumpf. Andererseits kann es auch passieren, daß die Beute sich kaum noch halten kann vor Lachen, weil der Räuber schon auf ihrem Arm steht und immer noch nicht merkt, wie nahe er seinem Ziel ist ... Die Schreie sind wichtig – zum einen lösen sie die riesige Spannung, die in diesem Spiel entsteht, zum anderen tragen sie erheblich zur abenteuerlichen Atmosphäre im dunklen Wald bei. Nach dem ersten Durchgang tauschen die Räuber mit denjenigen Beutetieren, die diesmal Räuber sein möchten.

Nach dem zweiten Durchgang und der Lichterreise zuvor sind erfahrungsgemäß alle gesättigt mit spannenden Eindrücken und bereit zum Schlafengehen. Alpträume hatten unsere Teilnehmer jedoch nach einer solchen Nacht noch nie ...

Vor dem Frühstück am nächsten Morgen gönnen Sie sich gegenseitig eine Massage oder einen Lauf durch das taufrische Gras auf bloßen Füßen. Wer früh genug erwacht, genießt den Sonnenaufgang und das Konzert der Vögel. Zum Abschied von Ihrem Lagerplatz können Sie gemeinsam das Gedicht von Joseph Cornell sprechen (s. im Kapitel „Einssein", S. 87) oder einen Zukunftsstein im Wald vergraben (s. „Rituale", S. 15).

Nehmen Sie sich für den Tag nach einer solchen Waldnacht nichts Anstrengendes vor. Wenn man an der frischen Luft schläft, fühlt man sich morgens zwar ganz frisch – die meisten Kinder und Erwachsenen schlafen draußen auf dem harten Boden und ohne ihre schützenden vier Wände aber viel unruhiger als daheim im Bett. Ein Mittagsschlaf wird deswegen allen guttun.

121

Oder … ein Abend am Lagerfeuer

Ein langer Abend am Lagerfeuer mit Stockbrot und Kartoffeln, Liedern, Märchen, und den Kindern als „Hütern des Feuers" wurde bereits angeregt. Unter Ihrer Aufsicht dürfen die Kinder Holz sammeln, aufschichten, das Feuer entzünden, stochern, Holz nachlegen und zum Schluß die Glut mit Erde ablöschen.

Überall, wo es Wald gibt, haben die Forstbehörden offizielle Feuerstellen eingerichtet, an denen Sie nicht befürchten müssen, einen Waldbrand auszulösen. Oft gibt es dort auch ein einfaches Dach gegen Regenschauer. Fragen Sie bei Ihrer Gemeinde nach. Bitte legen sie auf keinen Fall eine „wilde" Feuerstelle an!

Sie können auch das Lagerfeuer mit einer Übernachtung im Freien verbinden – Sie breiten Ihre Isomatten und Schlafsäcke einfach um das Feuer herum aus. Lassen Sie Zelte zu Hause – die Nacht im Wald ist viel interessanter, wenn Sie sich nicht durch eine Plastikhaut von ihr abschirmen. Im Gepäck sollten Sie übrigens alles haben, was auch für die Nacht unter den Sternen aufgelistet ist (vgl. S. 115). Anstelle der Utensilien für eine Lichterreise nehmen Sie Brotteig, Kartoffeln und anderes Grillgut mit.

Planen Sie für eine Lagerfeuernacht aber außer Grillen, Liedern und Geschichten nicht allzuviele Aktivitäten ein – das Feuer selbst ist Abenteuer genug, es zieht Kinder völlig in seinen Bann. Sie lassen sich nur mit Mühe dazu bewegen, etwas abseits vom Feuer zum Beispiel den Sternenhimmel zu beobachten.

Für eine **stille Mutprobe** eignet sich der Abend am Lagerfeuer aber dennoch gut: Jeder geht allein so weit vom Feuer weg in den Wald hinein, wie er sich traut. Dort setzt er sich nieder, horcht und beobachtet, was um ihn herum passiert – solange ihm wohl ist. Dann kehrt er zum Feuer zurück. Eine Person bleibt jedoch ständig beim Feuer – einmal, um dieses zu beaufsichtigen, zum anderen flößt es mehr Vertrauen ein, wenn am Lagerplatz jemand ist, zu dem man jederzeit zurückkehren kann.

Eine andere Übung ist der **schlafende Häuptling**: Der schlafende Häuptling sitzt mit verbundenen Augen mit dem Rücken an seinen Thron gelehnt, einen Baum. Er ist ein mächtiger Mann, aber so verschlafen... Um ihn herum im Halbkreis von zehn großen Schritten Abstand stehen die Krieger und Kriegerinnen, die alle selber gerne auf seinem Thron sitzen möchten. Wem es gelingt, sich anzuschleichen, ohne daß der Häuptling ihn hört, berührt ihn schließlich und wird selbst zum Häuptling, und das Spiel beginnt von neuem. Suchen Sie einen Boden aus, der das Schleichen schwierig macht (Laub, Kies oder viele Äste). Der Häuptling bekommt anstelle von Pfeil und Bogen eine Taschenlampe – wenn er etwas hört, blitzt er mit dem Strahl kurz in die Richtung des Geräuschs. Wenn ein Krieger deutlich vom Licht getroffen wird, erstarrt er und darf nicht weitergehen.

Erzählen Sie den Kindern, daß Indianerkinder auf diese Weise lernen, sich anzuschleichen. Und verraten Sie – flüsternd – das Geheimnis des Anschleichens: Es ist ganz wichtig, seine Aufmerksamkeit dabei nicht auf das Ziel zu richten, auf den Häuptling, sondern auf die eigenen Füße, auf den eigenen Körper. Wer Augenblick für Augenblick auf seinen eigenen Körper achtet, kann sich auch in schwierigem Gelände völlig lautlos fortbewegen. Nur wer den Häuptling vergißt und ganz bei sich ist, der kann zum Häuptling gelangen. Probieren Sie es auch selber aus – es ist eine ungewöhnliche, intensive Körpererfahrung. Auch der Häuptling meditiert, indem er in den Raum vor sich lauscht und diejenigen aufzuspüren versucht, die sich ihm nähern wollen.

Nach solchen Stille-Übungen lassen sich gut besinnliche Geschichten erzählen oder aus den Inspirationen im letzten Teil dieses Buches vorlesen. Auch die Märchen von Manfred Kyber eignen sich.

Löschen Sie das Feuer, bevor Sie sich schlafen legen (oder lassen Sie nur die Glut übrig), sonst könnten Funken einem Schlafsack schaden.

Wecken Sie die Kinder am Morgen mit einem Lied. Auch eine Massage, eine morgendliche Waldpirsch auf der Suche nach Lebensspuren von Tieren oder Waldbeeren sammeln sind ein schöner Einstieg in den Tag.

Bevor Sie nach Hause gehen, bedanken Sie sich beim Wald mit dem Gedicht „Die Vögel sind meine Brüder..." (siehe im Kapitel „Einssein", S. 87).

... eine Nachtwanderung

Das ist die bei weitem häufigste Nachtaktivität in der Natur, weil am wenigsten aufwendig. Suchen Sie einen vielgestaltigen Weg aus (artenreicher Wald, dichte Schonung, Wiesen, wenn möglich auch vorbei an „Ihrem" Platz) und gehen Sie ihn zu verschiedenen Zeiten mit Ihrem Kind: bei Vollmond und bei Neumond, in den verschiedenen Jahreszeiten ... und vor der ersten Nacht auch einmal bei Tag, dann ist Ihr Kind mit der Umgebung schon vertraut.

Nachts ist es viel leichter, mit Kindern im Wald zu laufen als tagsüber denn sie bleiben nicht dauernd stehen, rennen nicht auf und davon... Sie bleiben dicht bei den Erwachsenen. Trotzdem fasziniert der unheimliche, dunkle Wald, und das ist auch das Thema der Übungen. Sie können die **stille Mutprobe** abwandeln, indem Sie mit einer angeschalteten Taschenlampe auf dem Weg bleiben und die Kinder sich wie oben beschrieben in den Wald wagen. Oder Sie dringen gemeinsam mit ausgeschalteter Taschenlampe ein Stück weit in den Wald vor, kauern sich im Dunkel nieder, *still und wach* (vgl. S. 117). So bleiben Sie eine ganze Weile im Dickicht, horchen auf die Geräusche der Waldbewohner, achten auf die unerwartete Schärfung Ihrer Sinne im Stockfinsteren. Bevor Sie die Wanderung fortsetzen, erzählen Sie ein Waldmärchen oder eine Waldgeschichte – das geheimnisvolle Dunkel macht die Phantasie viel lebendiger!

Sind genügend Teilnehmer bei Ihrer Nachtwanderung dabei, läßt sich auch *Räuber – Beute* spielen (vgl. S. 120).

Zur Nachtwanderung in freier Flur gehört natürlich auch die Beobachtung von Mond und Sternen, denken Sie also daran, Sternkarte und Fernglas mitzunehmen!

Das größte Problem bei Nachtwanderungen ist, daß alle gerne schwätzen. Damit wird die Furcht vor dem Dunkel überspielt, es zerstört aber auch den besonderen Zauber der Nacht! Sorgen Sie für ruhige Phasen, vielleicht läßt sich dazu sogar eine einfache Version der *Lichterreise* durchführen (vgl. S. 118). Auch der *schlafende Häuptling* (S. 123) läßt sich in eine Nachtwanderung einbauen.

Der zweitgrößte Fehler ist die Verwendung von Taschenlampen. Benutzen Sie sie nur im Notfall, z. B. an gefährlichen Wegstellen. Die Magie der Nacht verträgt keinen elektrischen Minischeinwerfer, weil unsere Augen sich sofort an den Lichtkegel heften und das „sanfte Tuch der Dunkelheit" zerrissen wird. Sie werden ganz sicher selbst erfahren, was ich damit meine!

Das Beste an Nachtwanderungen ist, daß Sie sich spontan dazu entschließen können, von jetzt auf gleich, ohne aufwendige Vorbereitung. Wenn es draußen schön ist und dunkel, dann ziehen Sie die Jacken an, stecken Taschenlampe, Fernglas und Sternkarte ein, im Winter noch eine Thermoskanne mit heißem Tee – und ziehen los! Warum nicht gleich heute abend?

Sonne, Mond und Sterne

Die alten Griechen glaubten, daß der Mensch vor allem deswegen aufrecht auf zwei Beinen geht, damit er in den Himmel schauen und die Gestirne beobachten kann. Da ist etwas dran, denn der Blick in den freien Raum, das Erlebnis der Weite des Alls macht unsere alltäglichen Wichtigkeiten kleiner und stellt sie in den rechten Rahmen, läßt uns über das Woher und Wohin nachdenken, stellt beunruhigende Fragen. Durch solche Fragen vermitteln sich Einsichten, die weit über einen Tag hinausreichen, weiter als eine gemachte Hausaufgabe oder die Freude über ein günstiges Sonderangebot.

Das Beobachten von Sonne, Mond und Sternen hat etwas Meditatives. Es ist nicht nur der Blick in den Raum, sondern auch das Erlebnis der Zeit, die sich die Gestirne für ihren Lauf lassen. Hier wird der beständige Fluß von Minuten, Stunden, Tagen, Monaten, Jahreszeiten und Jahren sinnlich erlebbar – nicht als das künstliche Ticken einer Uhr oder der Abriß des Kalenderblatts, sondern als majestätischer Zug der Gestirne auf ihrer jeweiligen Bahn.

Die Sonne

Unter der Überschrift „Vier Elemente" im Kapitel „Einssein" ist schon einiges über die Sonne zu erfahren. Auch die Übung **Sonnentierchen** aus dem Kapitel über den Wald dreht sich um unser Hauptgestirn (vgl. S. 95). Das ist natürlich noch nicht alles.

Stecken Sie einen mindestens zwei Meter hohen **Sonnenstab** (z. B. eine Bohnenstange oder ein Moniereisen) senkrecht in die Erde, so daß sein Schatten auf eine relativ glatte Fläche fällt (Sand, Steinplatten o. ä., kein Gras!). Jetzt beobachten Sie, wohin die Spitze des Stabes ihren Schatten wirft. Markieren Sie den Punkt. Aber was ist das ... kaum haben Sie ihn angezeichnet, hat sich die Schattenspitze schon ein Stück weiterbewegt ... Die Spitze wandert kontinuierlich weiter. Beobachten Sie gemeinsam, wie sich der Schatten ganz langsam, aber unaufhaltsam immer weiterbewegt – für Kinder hat das etwas Faszinierendes (und nicht nur für sie). Zeichnen Sie den Bogen nach, den die Schattenspitze beschreibt!

Diese Bewegung spiegelt die Drehung der Erde um sich selbst – die Sonne wandert am Himmel immer weiter, bis sie schließlich im Westen untergeht. Für Kinder bis zu sieben Jahren bleiben Sie aber besser beim geozentrischen Weltbild, vielleicht sogar bei der Erde als Scheibe: Die Sonne wandert in einem großen Kreis über den Himmel. Sie geht am Morgen im Osten auf, erreicht am Mittag im Süden den höchsten Stand und geht abends im Westen unter. Sie bewegt sich unter dem Horizont weiter nach Norden, wo sie um Mitternacht ihren tiefsten Stand erreicht. Von dort geht sie ohne Aufenthalt weiter im Kreis auf den Osten zu, wo sie dann am Morgen über den Horizont steigt, um dem neuen Tag ihr Licht zu bringen. Zeichnen Sie diese Bewegung der Sonne mit den Fingern als großen Kreis in den Himmel nach! Der Teil von West über Nord (da steht die Sonne tief unten!) bis Ost liegt natürlich unter dem Horizont.

Aber geht die Sonne jeden Tag genau im Osten auf und genau im Westen wieder unter? Erreicht sie jeden Mittag die gleiche Höhe im Süden? Das läßt sich durch gelegentliche Beobachtung über einige Wochen hinweg herausfinden.

Wenn Sie einen Garten haben, können Sie den Schattenstab zur festen Einrichtung machen. Ein sonniger Sonntag ist genau richtig, um zu jeder vollen Stunde eine Markierung anzubringen – fertig ist die **Sonnenuhr**!

📖 Jetzt beobachten Sie, wie der Schatten zwar jeden Tag um eine bestimmte Uhrzeit (sagen wir um 14 Uhr) immer in die gleiche Richtung fällt, aber nicht gleich lang ist ... vom 21. Dezember bis zum 21. Juni wird er jeden Tag ein Stückchen kürzer, und vom 21. Juni bis zum 21. Dezember ist der Schatten jeden Tag ein Stückchen länger. Jeder Tag hat seinen eigenen Bogen, den die Sonne am Himmel beschreibt und den die Schattenspitze nachzeichnet! Wenn Sie diese Tagesbögen aufzeichnen, vielleicht einmal im Monat jeweils um 10, 12, 14, 16 und 18 Uhr, dann ist Ihr Schattenstab bald nicht nur eine Sonnenuhr, sondern ein richtiger **Sonnenkalender**. Sie können an der Schattenspitze neben der Uhrzeit auch das Datum ablesen!

📖 Ganz professionell wird Ihre **Äquatorial-Sonnenuhr**, wenn Sie einen ein Meter langen Eisenstab mit der Spitze genau nach Süden und einem Winkel von 90° minus der nördlichen Breite Ihres Wohnortes fest einsetzen (für Freiburg z. B. 90°–48° = 52°). Dann fällt der Kreis des Schattens im Winterhalbjahr nördlich des Stabes, im Sommerhalbjahr südlich des Stabes, und zur Tag- und Nachtgleiche zeichnet Ihr Stab nur einen Strich von West nach Ost über den Boden, keinen Tagesbogen. Es gibt zwei ganz kurze Zeitpunkte im Jahr, an denen der Stab überhaupt keinen Schatten wirft, weil er exakt senkrecht zur Sonne steht: am 21.3. und am 23.9. jeweils um genau 12 Uhr Ortszeit!

📖 Beobachten Sie eine Weile lang regelmäßig gemeinsam den **Sonnenuntergang**, immer vom gleichen Punkt aus (idealerweise von einem Fenster ...). Der meditative

Charakter von Sonnenuntergängen ist bekannt. Man bemerkt die stete, sanfte Bewegung des Tag-Gestirns mit bloßem Auge, sieht den kräftigen Feuerball hinter dem Horizont verschwinden, beobachtet das Spiel der Farben am Himmel, schließt innerlich den Tag ab, schickt seine Gedanken auf Reisen.

Sie werden feststellen, daß der genaue Punkt, an dem die Sonne untergeht, sich Tag für Tag verschiebt. Nur am 21. März liegt er genau im Westen. Von da bis zum 21 Juni wandert er immer weiter nach Nordwesten – im Laufe der Wochen ein gehöriges Stück.[21] Es wird auch immer später dunkel, jeder Tag ist wenige Minuten länger. Ab Mitte Juni scheint der Punkt des Sonnenuntergangs dann stillzustehen, am 21. kehrt sich die Bewegung unmerklich um. Es ist der längste Tag des Jahres. 16 Stunden Sonnenlicht am Tag heizen die Erde auf, 8 Stunden nur ist Nacht, um sie wieder abzukühlen – der Anfang des Sommers. Erst ab dem Johannistag wird auch mit dem bloßen Auge sichtbar, daß die Sonne langsam wieder zurückwandert. Tag für Tag geht sie früher und ein Stück weiter im Westen unter. Am 23. September passiert sie den Westen. Die Sonne geht genau im Osten auf und genau im Westen unter – 12 Stunden ist sie über dem Horizont und zwölf Stunden darunter, „Tag- und Nachtgleiche". In den Tagen und Wochen darauf bewegt sich der Untergangspunkt rasant auf Südwest zu. Jeder Tag wird etwas kürzer, bis schließlich in der Woche vor Weihnachten

---

[21] Das gilt natürlich nicht nur für den Untergang der Sonne, sondern auch für den Aufgangspunkt. Er verschiebt sich spiegelsymmetrisch vom Frühlingsanfang bis zur Sommersonnenwende weiter nach Nordost, kehrt von dort um und wandert zurück nach Osten, passiert Ost zu Herbstanfang und erreicht den südöstlichsten Punkt am 21. Dezember. Von dieser Wintersonnenwende an läuft der Sonnenaufgangspunkt dann wieder gen Osten … Der Sonnenuntergang ist allerdings bequemer zu beobachten, weil man dafür im Sommer nicht früh um fünf aus den Federn muß.

die Sonne im Südwesten wieder stillzustehen scheint (am 21. Dezember erreicht sie den äußersten Punkt). Sie verweilt einige Tage und kehrt am 25. Dezember für das bloße Auge sichtbar wieder um – wir feiern Weihnachten. Es sind zwar die längsten Nächte des Jahres, aber gleichzeitig ist es das Fest der Geburt des Lichts. Für die Völker ohne Elektrizität und Zentralheizung war dies ein Zeichen der Hoffnung, daß bald wieder Leben in die Natur zurückkehren würde. Jetzt zur Wintersonnenwende ist es nämlich nur acht Stunden Tag bei 16 Stunden Nacht – viel Zeit für die Erde zum Auskühlen des nachts und wenig Sonnenwärme am Tag: Der Winter beginnt.

Aber bald werden die Tage wieder heller, der Sonnenuntergangspunkt verschiebt sich von Abend zu Abend schneller auf Westen zu. Zum Frühlingsanfang am 21. März erreicht die untergehende Sonne wieder exakt den Westpunkt – wieder eine Tag- und Nachtgleiche, die Sonne ist zwölf Stunden über dem Horizont und zwölf Stunden darunter. Die Tage werden immer länger, es wird Frühling, ein Jahreskreis hat sich geschlossen.

Sie brauchen nicht 365 Sonnenuntergänge im Jahr zu beobachten – diese Bewegungen fallen auch auf, wenn Sie von Zeit zu Zeit einmal gemeinsam auf den Abendhimmel schauen. Interessant ist die genauere Beobachtung einige Abende lang zur Zeit der Sonnenwenden und der Tag- und Nachtgleichen.

Der Mond

Wissen Sie, welche Mondphase gerade ist? Wenn nicht, dann schauen Sie jetzt nicht im Kalender nach, sondern öfter an den Nachthimmel.

Das ist freilich leichter gesagt als getan. Als Landbewohner haben Sie es noch relativ gut: die Nächte sind dunkel und der Weg auf freies Feld nicht weit. In der Stadt löscht das grelle Licht der Laternen und Leuchtreklamen den Nachthimmel aus. Aus den Straßenschluchten gibt es ohnehin nur kleine Vierecke vom Himmel zu erspähen. Man kann sagen, daß es in einer Stadt eigentlich nie richtig Nacht wird: keine abendstille Dämmerung, kein heller Herbstmond, kein glitzerndes Sternentuch, keine dunkle Tiefe am Firmament, keine Ruhe.

Um so wichtiger ist, daß Sie sich und Ihrem Kind solche Erlebnisse verschaffen. Die Urlaubszeit hat nicht nur warme Tage, sondern auch schöne Nächte, und außerdem können Sie ja hin und wieder für ein paar Nachtstunden die Stadt verlassen.

Helles Mondlicht hat seine ganz eigene Magie...Berge, Wälder, Wiesen sind wie von flüssigem Silber übergossen, jeder Baum, jedes Blatt leuchten wie von innen heraus. Es braucht keine Vollmondnacht zu sein, besonders im Herbst und Winter ist ein Dreiviertelmond schon hell genug.

Gehen Sie auch einmal in einer stillen Schneelandschaft unter dem Mondlicht spazieren! Selbst Kinder, die nicht gerne laufen, werden von diesem Zauber berührt. Auch wenn es Überwindung kostet, sich warm einzupacken und noch einmal rauszugehen in die Nacht, es lohnt sich! Lassen Sie Taschenlampen zu Hause, sie stören nur – nehmen Sie lieber heißen Tee mit.

Beobachten Sie übers Jahr gemeinsam den Verlauf der Mondphasen. Das ist besonders einfach, wenn Sie von zu Hause aus freien Blick auf den Himmel haben. An den Tagen nach Neumond zeigt sich kurz nach Sonnenuntergang ein Fingernagelmond am westlichen Abendhimmel. Die hauchzarte Sichel im Farbenspiel der Dämmerung ist ein ästhetisches Erlebnis, besonders wenn sich gelegentlich ein heller Planet dazugesellt, etwa Venus als Abendstern.

Jetzt wird der Abstand des Mondes zur Sonne Tag für Tag ein gutes Stück größer, am ausgestreckten Arm sicher innerhalb von 24 Stunden eine ganze Handspanne. Entsprechend verspätet sich der Untergang des Mondes jeden Abend um fast eine Stunde, die Sichel nimmt zu, nach einer Woche ist der Mond schon halb und steht bei Sonnenuntergang genau im Süden. Erst um Mitternacht wird auch er hinter dem Westhorizont verschwinden. Der Mond nimmt weiter zu, bis er eine weitere Woche später (also zwei Wochen nach Neumond) voll geworden ist. Jetzt steht er der Sonne genau gegenüber – wenn die Sonne untergeht, geht der Mond auf, und wenn der Mond untergeht, ist Sonnenaufgang.

Aber Tag für Tag geht der Mond fast eine Stunde später auf, und die Sichel nimmt jetzt von der anderen Seite her wieder ab. In der dritten Woche ist er auf die Hälfte zusammengeschrumpft und geht erst nach Mitternacht auf. In der ersten Hälfte der Nacht ist also gar kein Mond am Himmel zu sehen...

Das setzt sich fort, Tag für Tag geht der Mond später auf und wird immer schmaler. Schließlich läßt er sich nur noch als kleine Sichel am frühen Morgen kurz vor Sonnenaufgang über dem Osthorizont blicken und verschwindet dann im Tageslicht. Nach vier Wochen ist es soweit – es ist gar kein Mond mehr zu sehen, die Nacht hat nur noch Sterne vom Abend bis zum Morgen: „Neumond".

Sie brauchen nicht Nacht für Nacht den Aufgang und Untergang des Mondes zu beobachten, aber verfolgen Sie die Mondphasen eine Weile lang gemeinsam – sie vermitteln eine unmittelbare Erfahrung von Zeit („Monat"), und unsere Vorfahren orientierten sich an dieser Himmelsuhr.

Interessant ist, daß der weibliche Zyklus die gleiche Länge wie der Mondlauf hat und daß die Menstruation oft mit den Mondphasen synchron verläuft: Viele Frauen haben ihre Regel zu Vollmond oder Neumond. Wenn Ihre Tochter die erste Blutung bekommt, vermittelt die Beobachtung des zeitgleichen Verlaufs der Mondphasen (und gemeinsames „Philosophieren" darüber) den Zyklus als etwas Natürliches, das in das Ganze des Kosmos eingebettet ist.

Kinder ab acht Jahren können verstehen, wie die Mond-phasen zustandekommen: wenn die Sonne tief steht, also an einem Sommerabend oder im Winter spielen Sie den

Tanz des Mondes um die Erde: Ihr Kind verwandelt sich in die Erde, Sie selbst in den Mond. Ihr Kind schaut nun zur Sonne, Sie stellen sich in das Blickfeld des Kindes mit dem Rücken zur Sonne und blicken es an. Ihr Gesicht liegt jetzt im Schatten – Neumond. Jetzt bewegen Sie sich in einem großen Kreis gegen den Uhr-zeigersinn um Ihr Kind herum und schauen es weiter dabei an. In Ihrem Gesicht erscheint jetzt ein zuneh-mender Mond – erst wird der linke Rand Ihres Gesich-tes von der Sonne beschienen („Fingernagelmond"), nach einem Viertelkreis liegt die ganze linke Gesichts-hälfte im Licht – Halbmond. Sie bewegen sich weiter, mehr und mehr Sonnenlicht spiegelt sich in ihrem Gesicht – das ist weiterhin zunehmender Mond. Wenn Sie der Sonne gegenüber stehen, sieht Ihr Kind Ihr voll beleuchtetes Gesicht: Vollmond. Wenn Sie weiterge-hen, dann nimmt die Beleuchtung Ihres Gesichts von der anderen Seite her wieder ab – abnehmender Mond – nach einem Dreiviertelkreis schon wieder Halbmond, und schließlich verschwindet Ihr Gesicht wieder ganz im Schatten – Neumond. Danach wechseln Sie – jetzt wird Ihr Kind zum Mond und Sie zur Erde.

Wenn Sie schon einmal eine Mond- oder Sonnenfinsternis beobachtet haben, können Sie auch diese Phänomene beim Tanz des Mondes simulieren: Bei einer Mondfinsternis fällt der Schatten der Erde auf den Mond. Das geht also nur bei Vollmond. Machen Sie sich als Mond so klein, daß der Schatten Ihres Erd-Kindes auf Ihr Gesicht fällt und den Voll-mond auslöscht, bis Sie auf Ihrem Weg um die Erde den Schatten wieder verlassen haben.

Bei einer Sonnenfinsternis ist es umgekehrt – da fällt der Schatten des Mondes auf die Erde. Das geht also nur bei Neumond – lassen Sie als Mond Ihren Schatten auf das Gesicht Ihres Erd-Kindes fallen, so daß es die Sonne nicht mehr sehen kann, bis Sie auf Ihrem Weg um die Erde die Sonne wieder freigeben.

Eine Mondfinsternis findet etwa alle zwei Jahre statt, mindestens einmal im Leben sollte man sie mit dem Fernglas verfolgen. Spannend ist der Augenblick, wenn der Kernschatten der Erde auf den Rand des Mondes fällt. Noch spannender wird es später, wenn der Mond aus dem Schatten wieder austritt: von einem einzigen Punkt her beginnend wird das helle Sonnenlicht wieder sichtbar. Die ungefähren Uhrzeiten können Sie der Tagespresse entnehmen. Auf diese Momente jedoch selbst zu warten, die Augen auf den Erdtrabanten gerichtet, das ist ein Erlebnis: Es ist jeweils nur ein einziger Augenblick, um den es geht – ein eigentümlicher Gegensatz zu den sonst so steten Bewegungen am Himmel.

Eine Sonnenfinsternis ist in Deutschland sehr, sehr selten. Die nächste totale Sonnenfinsternis findet in Südwestdeutschland am 11. August 1999 statt, danach vergeht über ein Jahrhundert bis zur nächsten Totalverfinsterung (in Nordwestdeutschland im Jahr 2135). Solche Finsternisse sind jedoch derart spektakulär, daß sich sogar eine Urlaubsreise lohnt, um sie zu erleben.

Obwohl die Sonne viel größer als der Mond ist, ist der Abstand beider Gestirne von der Erde so aufeinander abgestimmt, daß beide gleich groß auf unserem Himmel erscheinen. Bei einer Sonnenfinsternis schiebt sich der Mond vor die Sonne, bei einer totalen Finsternis deckt er sie für wenige Minuten sogar völlig ab.

Es beginnt damit, daß am Rand der Sonne plötzlich ein kleines Stück zu fehlen scheint. Stetig verschwindet mehr von der Sonne, bald sieht sie aus wie ein angebissener Keks. Erst kurz vor Beginn der totalen Phase wird es spürbar dunk-

ler – jetzt merken auch die Tiere, daß da etwas sehr Besonderes vorgeht –, sie reagieren aufgeregt, es wird richtig laut
im Wald: Vögel kreischen und flattern, Vierbeiner rennen
umher. Dann „geht plötzlich das Licht aus" – mitten am Tag
wird es Nacht, die Sterne erscheinen. Um die vom Mond
verdeckte Sonne sieht man strahlende Gase, die „Korona".
Verständlich, daß so etwas die Menschen in früheren Zeiten
ängstigte.

Nach einigen Minuten gibt der Mond wieder ein Stückchen
Sonne frei – auch hier ist es spannend, auf den ersten Moment
zu warten, an dem das gleißende Sonnenlicht wieder hervor-
bricht. Wenn nach Stunden dann alles vorbei ist, strahlt die
Sonne in alter Frische, als wäre nie etwas gewesen…

Unseren Vorfahren war der Blick zum Mond durch ein
Fernglas oder Teleskop nicht möglich – und da haben sie
wirklich etwas verpaßt! Allein für den Blick in Krater, auf
die sogenannten „Mondmeere", oder der Augenschmaus der
Mondberge im schräg einfallenden Sonnenlicht lohnt sich
die Anschaffung zumindest eines guten Fernglases.[22]

Schauen sie nicht nur auf den Vollmond, denn dann trifft
Sonnenlicht senkrecht auf den Mond und läßt keine Schatten erkennen. Erst im Seitenlicht zeigen sich feinste Details
des Mondreliefs – tiefe Krater, schroffe Berge und weite Ebenen. Befestigen Sie das Fernglas auf einem Fotostativ – so
können Sie ohne „Verwackeln" durch die natürliche Unruhe der Hand das großartige Bild betrachten.[23] Jeder Tag im

---

[22] Ein für astronomische Beobachtungen taugliches Fernglas ist keines jener
Exemplare für die Westentasche, sondern hat mindestens 50 mm „Öffnung"
(d. h. Objektivdurchmesser), mindestens 8fache Vergrößerung und läßt sich
auf ein Fotostativ aufschrauben. Auch Tierbeobachtungen, vor allem in der
Dämmerung, sind mit einem solchen Glas ein Genuß. Noch besser ist das
Glas, wenn es eine Zoomfunktion hat, mit der die Vergrößerung von 8fach bis
25fach frei gewählt werden kann. Solche Geräte sind schon für DM 200,– zu
haben und stiften ein Leben lang Freude. Über Teleskope siehe weiter unten.
[23] Es gibt auch sehr teure Gläser, die das Zittern der Hand durch eine spezielle Aufhängung der Optik ausgleichen.

Mondzyklus zeigt neue Landschaften am Rand der Sichel, wo die Oberfläche des Mondes am plastischsten hervortritt. Mit 25facher Vergrößerung (beim Teleskop auch mehr) erlebt man sie so nahe, als flöge man selbst um den Mond – den Teilnehmern der Naturschul-Kurse, ob groß oder klein, bleibt der Mund in ehrfürchtigem Schweigen offen stehen ... Die Kinder versinken völlig in der Betrachtung, man bekommt sie gar nicht mehr vom Fernrohr weg. Ganz Begeisterte können eine Mondkarte (in jedem einführenden Astronomiebuch) zu Hilfe nehmen und vergleichen ... Krater Copernicus, Mare Crisium, Mare Tranquillitatis – das Meer der Ruhe, in dem Apollo 11 gelandet ist, Mondkarpaten, Mondalpen ...

Ich selbst habe in meiner Kindheit manche Nacht in einer Art meditativen Versenkung hinter dem Fernrohr verbracht, bis dessen Montierung einfror.

Wenn Sie mit einem Fernglas oder Teleskop auf Stativ beobachten, fällt Ihnen bald etwas auf: Der Mond bewegt sich stetig aus dem Blickfeld heraus, Sie müssen Ihr Gerät nachführen. Je stärker die Vergrößerung, mit der Sie in den Mondbergen spazierengehen, desto schneller wandert das Bild. (Teure Fernrohre haben deswegen eine elektrische Nachführung). Diese Bewegung beruht auf der gleichen Ursache wie das Wandern des Schattens bei Ihrem Sonnenstab – hier sehen Sie die Drehung der Erde um sich selbst mit den eigenen Augen! Es ist etwas Besonderes, den Mond in seiner vollen Breite durch das Blickfeld ziehen zu lassen. Es gibt sonst keine so ruhige und stetige Bewegung in der Natur zu beobachten. In ihrer Unaufhaltsamkeit drückt sich ein Moment von „Ewigkeit" aus – seit viereinhalb Milliarden Jahren dreht sich die Erde auf diese Weise, ohne auch nur ein einziges Mal angehalten zu haben.

Mit dem Fernglas lassen sich auch Sternbedeckungen verfolgen – auf seiner Bahn um die Erde schiebt sich der Mond gelegentlich vor einen Stern, sehr selten sogar vor einen hellen Planeten. Die Daten dafür können Sie astronomischen Kalendern entnehmen[24], die in allen Buchhandlungen angeboten werden. Auch hier geht es um einen einzigen Moment, in dem der Mond den Stern ganz unvermittelt „ausknipst" und später wieder „anknipst". Sehr selten streift der obere oder untere Rand des Mondes einen Stern, so daß Berge und Täler auf der Mondoberfläche den Stern mal verdecken, mal freigeben – ein solches „Sternflackern" kann man sicher nur wenige Male im Leben beobachten!

Planeten

Planeten sind Geschwister der Erde, sie drehen sich wie wir um die Sonne und werden von ihr beleuchtet. Kein Planet strahlt eigenes Licht ab, genau wie der Mond reflektieren sie alle nur Sonnenlicht. Dennoch strahlen sie hell am Nachthimmel, heller als die meisten Sterne. Sie sind uns im Vergleich zu den Sternen sehr viel näher.

Im Unterschied zu den Sternen flackern die Planeten nicht, ihr Licht wirkt viel ruhiger. Schaut man mit einem Fernglas oder Teleskop nach, entdeckt man den Grund dafür – die Planeten erscheinen als kleine Scheiben. Auch im stärksten Fernrohr sind aber selbst die größten Sterne nur Punktlichtquellen. Ihr Licht wird durch die natürliche Unruhe in der Atmosphäre viel stärker beeinträchtigt als das der Planeten, sie „flackern".

Für die Beobachtung von Planeten sollten Sie Ihr Fernglas oder Fernrohr mit einem Stativ abstützen. Hier kommt es auf ruhige Lagerung an, um Details zu erkennen. Die Standorte und Beobachtungszeiten der Planeten können Sie astronomischen Kalendern entnehmen. Die meisten Tageszeitungen drucken zum Monatsanfang auch eine Sternkarte mit den wichtigsten Ereignissen ab, und jeden Werktag kurz

[24] Z. B. *Das Himmelsjahr* aus dem Kosmos-Verlag.

vor 17 Uhr bringt der Deutschlandfunk eine „Sternzeit" mit den aktuellen Attraktionen des Nachthimmels.

Merkur findet sich gelegentlich kurz nach Sonnenuntergang am Westhimmel oder kurz vor Sonnenaufgang am Osthimmel. Insgesamt ist er nur für wenige Wochen im Jahr zu sehen. Weil er der Sonne sehr nahe steht, strahlt er hell in der Dämmerung, verschwindet aber kurz darauf unter dem Horizont (abends) oder im Tageslicht (morgens). Im Fernglas gibt er nicht viel her, die Attraktion des Merkur besteht eher darin, ihn überhaupt einmal mit Bewußtsein gesehen zu haben.

Venus ist da ein ganz anderer Fall. Zu Recht ist sie als Abend- oder Morgenstern berühmt. Wie Merkur erscheint sie abends nach Sonnenuntergang im Westen oder morgens vor Sonnenaufgang im Osten. Sie ist aber weiter von der Sonne entfernt als ihr kleiner Planetenbruder und deswegen viel öfter zu sehen. Sie ist genauso groß wie die Erde und hat eine völlig geschlossene weiße Wolkendecke, gibt das Sonnenlicht also hell strahlend zurück. In guten Zeiten strahlt sie heller als irgendein anderer Stern. Im Fernglas (noch besser im Teleskop) erkennt man, daß die Venus Phasen zeigt wie der Mond. Die Venus-Sichel ist recht groß, in dieser Phase ist sie der Erde nah. Um eine Dreiviertel-Venus (in erdferner Stellung) richtig zu sehen, braucht es aber schon ein Fernglas mit 25facher Vergrößerung. Richtig zur Geltung kommt die Venus-Sichel natürlich erst im Teleskop.

Mars ist der „rote Nachbar" der Erde. Etwa alle zwei Jahre gibt er eine Vorstellung am Nachthimmel, die für ein halbes Jahr anhält. Je nach Entfernung zur Erde erscheint das rötliche Planetenscheibchen größer oder kleiner im Fernglas. Details der Oberfläche, wie die weißen Polkappen, werden jedoch erst in einem größeren Teleskop sichtbar. Interessant bei Mars ist seine Bewegung vor dem Hintergrund der Sternbilder. Zu Beginn der Sichtbarkeitsperiode durchläuft er die Bilder des Tierkreises in derselben Richtung wie der

Mond, also gegen den Uhrzeigersinn. Wenn die Erde den Mars aber auf der „Innenbahn" um die Sonne überholt, scheint der Mars stillzustehen und sich dann sogar rückwärts zu bewegen – er geht einen Teil der Tierkreisbilder wieder zurück. Ist der Überholvorgang beendet, dreht sich das Phänomen wieder um, jetzt läuft der Mars wieder im richtigen Sinn und holt schnell auf, was die Erde ihm „abgenommen" hat. Diese Bewegung ist so schnell, daß sich Mars im Vergleich zu den Fixsternen Abend für Abend merklich weiterbewegt. Um so mehr fällt die Änderung seiner Stellung im Laufe von einigen Wochen auf. Die scheinbare Rückläufigkeit des Mars und der anderen Planeten hat früheren Astronomen große Rätsel aufgegeben, erst Kopernikus erkannte im 16. Jahrhundert die wahre Ursache dafür.

Jupiter ist ein Freund aller Sternliebhaber. Er ist drei Viertel des Jahres am Himmel zu sehen, fällt mit seinem hellen Strahlen sofort auf (ganz gleich wo er gerade steht) und bietet einiges fürs Auge. Schon mit achtfacher Vergrößerung sind seine vier Monde zu sehen. Als kleine Lichtpunkte umgeben sie Vater Jupiter, und ihre Drehung um den Jupiter ist so rasch, daß man markante Stellungsänderungen schon im Laufe von 20 Minuten verfolgen kann – z.B. wenn zwei Monde sich begegnen, ein Mond hinter dem Jupiter verschwindet oder auftaucht, wenn ein Mond Schatten auf Jupiter wirft. Jupiter selbst ist deutlich als Planetenkugel zu erkennen.

Daneben läßt sich bei Jupiter, wie bei Mars, die Bewegung vor dem Hintergrund der Sternbilder verfolgen. Jupiter schreitet aber bedeutend ruhiger einher – 12 Jahre nimmt er sich Zeit für einen kompletten Umlauf, Mars nicht einmal zwei. Pro Jahr schafft Jupiter also gerade einmal ein Tierkreiszeichen.

Saturn ist der „Prototyp" des fremden Planeten, seiner berühmten Ringe wegen. Er ist ebenfalls über die meiste

Zeit des Jahres sichtbar, leuchtet aber nicht so hell wie Jupiter. Im Teleskop zeigen sich ab 40facher Vergrößerung die Ringe – ein atemberaubender Anblick. Auch drei seiner 20 Monde sind zu beobachten. Mitunter erkennt man, wie die Ringe einen Schatten auf die Planetenoberfläche werfen. Saturn bewegt sich sehr langsam vor dem Hintergrund der Fixsterne – 30 Jahre braucht er für seinen Lauf um die Sonne. Er ist der entfernteste noch mit bloßem Auge erkennbare Planet.

🍃 Holen Sie sich in einer öffentlichen Bibliothek Bildbände von den Planeten und bestaunen Sie gemeinsam ferne Welten, die unbemannte Raumschiffe und große Teleskope dort entdeckt haben. Es ist ein ästhetisches Erlebnis – die Farben und Formen der fremden Planeten inspirieren ähnlich wie die Natur auf unserer heimischen Erde.

🍃 Mit einer Spiegelreflexkamera können Sie im hellen Sonnenlicht gemeinsam die schönsten Abbildungen abfotografieren (vermeiden Sie störende Lichtreflexe auf dem Bild!) und so ihre private **Diashow** zusammenstellen. An einem regnerischen Abend laden Sie Ihre Familie zu einer besonderen Reise ein: Die Planetenwelten im Breitwandformat sind beeindruckend. Beethovens Neunte Sinfonie bietet eine passende akustische Atmosphäre dazu. Verweilen Sie bei den Fotos der Wolkenformationen auf Jupiter, bei den Oberflächenstrukturen von Europa, Callisto und Ganymed (den Jupitermonden), oder bei den Saturnringen – es sind echte Meditationsbilder, auch für Kinder. Kehren Sie bei den Tönen von „Freude, schöner Götterfunke" zur Erde zurück – im Bildband „Der Heimatplanet" (von 2001) finden Sie eine Vielzahl großartiger Porträts unserer schönen Erde.

🖉 Sie können nach einer solchen Reise Ihr Kind auch dazu inspirieren, selbst zu **malen**, was es da gesehen hat, vielleicht sich seinen eigenen Phantasieplaneten zu malen.

Die Sterne

Ihrem Kind den Sternenhimmel schenken zu können – das ist etwas Großartiges. Wer kennt sich denn noch aus im scheinbaren Wirrwarr der tausend Himmelslichter? Wer weiß um die Sternsagen, in deren Dramen zeitlose Weisheit und viel Humor verborgen sind?

In einer Zeit, die an sich selbst verrückt wird, ist der Sternenhimmel ein beruhigender Gegenpol. Das sanfte Licht der Sterne stört sich nicht am irrlichternden Wechsel der Moden und Wichtigkeiten, auch nicht am Marktgeschrei auf der Erde. Der Nachthimmel ist ein „Fern-Seh"-Programm von ganz eigener Art: seit Jahrtausenden die gleichen Darsteller (mit nur gelegentlichen Gastauftritten, z. B. von Kometen), völlig werbefrei, ohne Sendeschluß und über 15 Milliarden Lichtjahre tief.

Zum Beobachten des Sternenhimmels brauchen Sie natürlich einen Platz, der rundum freien Blick auf den Himmel gibt, abseits von künstlichen Lichtquellen. Ideal ist ein höher gelegenes Gelände, weil Sie dann oberhalb des Dunstes einen ungetrübten Blick zum Himmel haben. Es lohnt sich, zum Sternegucken gelegentlich auf einen Berg zu steigen. Günstig ist die Zeit von einige Tage nach Vollmond bis wenige Tage nach Neumond. Im ersten Teil dieser Zeit geht der Mond erst spät auf und wird mit seinem Licht Ihre Beobachtung nicht stören. Er nimmt bis zum Neumond immer mehr ab, selbst einige Tage nach Neumond ist seine Sichel immer noch schmal und geht auch bald nach dem Eindunkeln im Westen unter.

Sie brauchen nicht viel an Ausrüstung, außer sehr warmer Kleidung von Kopf bis Fuß, auch im Sommer(!). Eine

Thermoskanne mit heißem Tee ist komfortabel. Eine Sternkarte (z. B. die drehbare Kosmos-Sternkarte, aber nicht
nachtleuchtend, diese blendet) kostet nicht viel, hält aber
ein Leben lang. Eine rot abblendbare Taschenlampe wäre
fast schon professionell (rotes Licht blendet die fürs Sternegucken wichtigen Schwarzweiß-Sinneszellen nicht), kostet
jedoch ebenfalls nicht viel und hält ebenso lange.

Ein für astronomische Beobachtungen taugliches Fernglas
lohnt die Geldausgabe, weil Sie es auch für andere Naturbeob-
achtungen benutzen werden. Ob Sie sich jedoch ein Teleskop
anschaffen wollen, hängt von Ihrer Liebe zu den Sternen ab.
Ein brauchbares Teleskop[25] ist eine echte Investition. Bei
pfleglichem Umgang hält es länger als ein Menschenleben,
aber es wäre schade, wenn Ihr Fernrohr nach Weihnachten für
Monate im Keller verschwinden würde. Andererseits ermöglicht es schon ganz besondere Perspektiven auf den Sternenhimmel. Vielleicht läßt sich mit dem örtlichen Astronomieverein zu jeder Jahreszeit ein Fernrohr-Beobachtungsabend für
Familien organisieren.

📝 Wenn Sie zum Sterngucken gehen, dann **begrüßen Sie
die Sterne** doch mit einem kleinen Ritual. In den Na-
turschulkursen stehen wir im Kreis (denn auch die
Sterne sind rund und bewegen sich in Kreisen), gucken
hoch und jeder darf sich „seinen" Stern aussuchen,
ihm einen besonderen Namen geben. Vielleicht into-

---

[25] Z. B. ein Spiegel-Teleskop mit 12 cm Öffnung und 100 mm Brennweite
wird samt Montierung und Stativ für ca. DM 600,– über Kaufhäuser ver-
trieben. Das ist ein für Anfänger durchaus taugliches Gerät mit gutem Preis-
Leistungsverhältnis. Kleinere Teleskope sind zwar günstiger, bieten aber
weder einen optischen Gewinn gegenüber dem Fernglas, der den Preis recht-
fertigen würde, noch eine professionelle Montierung.
Bessere Teleskope sind deutlich teurer. Wenn Sie nichts Gebrauchtes erste-
hen können (z. B. vom örtlichen Astronomieverein), sind Sie ganz schnell
bei DM 2000,– und mehr.

nieren Sie dann, wie wir mit unseren Teilnehmern, ein „OM". Die östlichen Religionen kennen das OM als den Urlaut des Universums, als den natürlichen Klang des Raums. Nach dem OM stehen wir dann still da und schauen einfach nur ...

Eine Sternennacht beginnt damit, sich zu orientieren. Der Polarstern ist ein verläßlicher Punkt am Himmel, denn er steht fast genau senkrecht über dem Nordpol der Erde. Es ist also egal, welche Tages- oder Jahreszeit gerade ist, der **Polarstern** steht immer am gleichen Punkt, nämlich genau im Norden auf der Höhe Ihrer nördlichen Breite (in Freiburg also 48° über dem Horizont, in Köln z. B. 52°). Nun brauchen Sie aber keinen Kompaß und Winkelmesser, um den Polarstern zu finden, das geht viel einfacher. Suchen Sie den *Großen Wagen* (auch Große Bärin genannt) am nördlichen Himmel. Vier Sterne bilden den Wagenkasten, drei Sterne die Deichsel („das, woran man den Wagen zieht" – Ihr Kind weiß mit „Deichsel" wahrscheinlich nichts anzufangen). Jetzt verlängern Sie die hintere Wand des Wagens um das Fünffache aus dem Wagen heraus, so als wollten sie eine große Stange an die hintere Wagenwand lehnen. Am Ende dieser Stange steht der Polarstern. Er ist nicht der hellste Stern des Himmels, sondern von gleicher Größe wie die Sterne des Großen Wagens. Allerdings ist er in seiner Umgebung der bei weitem hellste Stern, Sie können ihn also nicht verfehlen. Er ist so etwas wie die Nabe des großen Himmelsrades, der ruhende Pol, um den sich alles dreht.

Die Drehung der Erde um sich selbst bringt es mit sich, daß alle Sterne sich im Laufe von 23 Stunden und 56 Minuten einmal um den Polarstern drehen. Wie bei Sonne und Mond können Sie beobachten, daß Sterne im Osten aufgehen, im Süden ihren höchsten Stand erreichen und im Westen wieder untergehen. Nicht nur Sonne und Mond, der ganze Himmel ist in Bewegung!

Die Sterne im Norden gelangen bei dieser Drehung nicht unter den Horizont, sie gehen niemals unter. Deshalb gibt es am nördlichen Himmel immer die gleichen Sternbilder zu sehen, die **Zirkumpolarsternbilder.** Nach 23 Stunden und 56 Minuten stehen sie wieder exakt an der gleichen Stelle wie vorher, und in den vier Minuten, die den Tag dann vollmachen, rücken sie ein kleines Stück weiter. Diese vier Minuten kommen von der Drehung der Erde um die Sonne – die Erde rückt Tag für Tag ein Stückchen weiter vor auf ihrem kreisförmigen Kurs. Nach 365 Tagen machen die vier Minuten genau 24 Stunden aus, eine volle Drehung – der Jahreskreis ist geschlossen. Sie können das direkt beobachten – über die Wochen hinweg rücken die Sternbilder immer weiter vor.

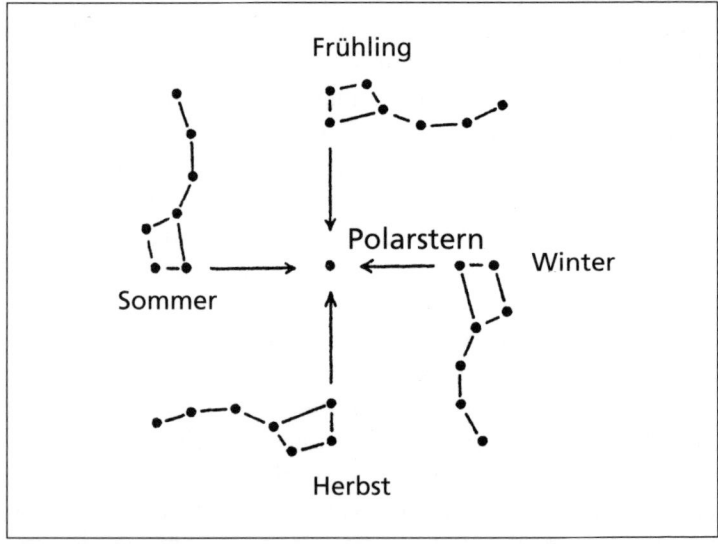

Besonders fällt dies beim Großen Wagen auf. Im Sommer steht der Große Wagen links vom Polarstern auf halber Höhe am Himmel, er ist auf seine Hinterwand gekippt. Im Herbst ist er dann (gegen den Uhrzeigersinn drehend) unter

144

den Polarstern vorgerückt, tief unten im Norden steht er auf seinen Rädern. Im Laufe des Winters kommt er rechts vom Polarstern hoch, jetzt steht er auf seiner Deichsel. Im Frühling finden Sie ihn kopfüber hoch oben am Nordhimmel, fast im Zenit. Wenn der Sommer in den Herbst übergeht, dreht sich der Große Wagen weiter, bis er schließlich wieder links vom Polarstern auf halber Höhe steht.

Die nordamerikanischen Indianer sehen in dem auffälligen Sternbild übrigens keinen Wagen, sondern eine Schöpfkelle, „**The Dipper**". Damit ist nun keine Suppenkelle gemeint, sondern die Kelle, mit der während der Schwitzhüttenzeremonie das heilige Wasser geschöpft und auf glühend heiße Steine geschüttet wird. Die große Schöpfkelle am Himmel vollführt eine ähnliche Bewegung: Im Frühling hängt sie kopfüber hoch am Himmel und gießt das Wasser des Lebens über die Erde aus. Im Sommer kommt sie links am Polarstern vorbei wieder herunter, damit sie im Herbst die Lebenskräfte wieder einsammeln kann. Was sie im Herbst geschöpft hat, trägt sie während des Winters hoch in den Himmel, um es dann im nächsten Frühjahr als neuen Segen über die Erde gießen zu können…

Wer genau beobachtet, der sieht, daß die große Schöpfkelle am Himmel eine solche Drehung auch jeden Tag einmal ausführt.

Das zweite auffällige Sternbild am Nordhimmel ist *Cassiopeia,* das berühmte „Himmels-W". Cassiopeia steht etwa gleich weit vom Polarstern weg wie der Große Wagen, nur in fast genau entgegengesetzter Richtung. Andere Sternbilder, die Sie mit Hilfe der Sternkarte im Norden finden werden, sind Kepheus, Kleiner Wagen und Drache.

Drehen Sie sich danach um, und schauen Sie in den Süden. Am Abend und bis Mitternacht finden sich im Süden die *jahreszeittypischen Sternbilder* (nach Mitternacht rücken sie aber langsam in den Westen, den Süden nehmen dann die Sternbilder der kommenden Jahreszeit ein). Im

Frühjahr sind dies Löwe, Jungfrau, Bootes, Krone, im **Sommer** Herkules, Skorpion, vor allem aber Adler, Schwan und Leier, in denen die drei hellen Sterne des Sommerdreiecks zu finden sind: Wega in der Leier (ein auffällig funkelnder Stern im Zenit), Deneb im Schwan und Atair im Adler. Den **Herbst** dominiert Pegasus (das „Herbstviereck"), zusammen mit Andromeda und Perseus. Interessant ist, die weniger auffälligen Sternbilder Wassermann, Widder und Dreieck im Sternengewimmel ausfindig zu machen. Im Herbst spannt sich die Milchstraße am schönsten als silbrig leuchtendes Band quer über den ganzen Himmel, hoch oben über unsere Köpfe hinweg. Den attraktivsten Sternenhimmel bietet aber der **Winter**, und das nicht nur wegen der langen Nächte. Gleich sechs helle Sterne leuchten im Süden, und in der Mitte prangt das auffällige Sternbild Orion. Die sechs hellen Sterne bilden ein „Wintersechseck": Sirius im Großen Hund, Procyon im Kleinen Hund, Pollux in den Zwillingen, Capella im Fuhrmann, Aldebaran im Stier und Rigel im Orion. Außerdem glitzern die schönen Plejaden, das „Siebengestirn", das viele Menschen irrtümlich für den Kleinen Wagen halten.

In einführenden Astronomiebüchern[26] wird erklärt, wie Sie eine Sternkarte benutzen, um all diese Sternbilder zu finden.

Im Osten finden sich am Abend übrigens immer die Sternbilder der kommenden Jahreszeit, dort können Sie also einen Blick in die „Zukunft" werfen. Im Westen dagegen gehen die Sternbilder der eben vergangenen Jahreszeit unter. Das ist besonders im Frühjahr tröstlich – zwar vermißt kaum jemand den Winter, aber die Wintersternbilder sind viel reichhaltiger als der Frühlingshimmel.

---

[26] Z.B. Widmann/Schütte: *Welcher Stern ist das?* aus dem Kosmos-Verlag. Es gibt unzählige andere Einführungen, lassen Sie sich in Ihrer Buchhandlung beraten.

Mit dem Fernglas sollten Sie unbedingt Blicke in die Milchstraße werfen, in die Andromedagalaxie, auf den Orionnebel, auf die Plejaden, auf den Sternhaufen „Krippe" im Sternbild Krebs, aber auch auf die Sterne Aldebaran, Sirius, Wega, Arktur, Antares, Atair – sie zeigen im Fernglas richtig Farbe! Gehen Sie doch einmal ohne Ziel unter den Sternen „spazieren"… Auch Kindern macht es Spaß, einfach so mit einem Fernglas auf Entdeckungsreise am Himmel zu gehen.

Wenn Sie Ihrem Kind etwas mit dem Glas zeigen möchten, leiten Sie es an, das entsprechende Objekt im Auge zu behalten, während es das Fernglas aufsetzt. Wenn das nicht klappt, hocken Sie sich hinter Ihr Kind in die Verlängerung der Sehlinie und korrigieren nach Augenmaß, bis es ruft: „Ja! Ich seh was! Da ist es…"

Eine Taschenlampe mit starkem Strahl ist übrigens ein guter „Himmelszeiger". Wenn auch nur etwas Dunst in der Luft ist, können Sie für alle anderen sichtbar auf bestimmte Sterne deuten.

Mit einem Teleskop öffnen sich natürlich noch ganz andere Welten. Neben den eben genannten sind die Sternhaufen interessante Objekte (χ und h; M 3 im Bootes, M 13 im Herkules, M 15 im Pegasus, M 35 in den Zwillingen), Gasnebel (Orionnebel, Pferdekopfnebel, Ringnebel in der Leier, M 1 im Stier) und so weiter… Hier sind buchstäblich keine Grenzen gesetzt (nur durch Ihre verfügbare Freizeit und die Fähigkeiten des Instruments).

Neben der Beobachtung der vielen Himmelslichter sind natürlich auch die alten *Sternsagen* Teil einer Sternennacht. Erzählen Sie, wie die stolze Cassiopeia und ihr Gemahl Kepheus das Leben ihrer schönen Tochter Andromeda aufs Spiel setzten, wie sie der tapfere Perseus auf dem geflügelten Pferd Pegasus doch noch vor den Meeresungeheuern rettet…

Wie ist wohl die große Bärin an den Himmel gelangt, und warum hat sie einen so langen Schweif (Bären haben ja sonst nur Stummelschwänze)? Der ist wohl etwas in die Länge gezogen worden, als Zeus sie daran packte und an den Himmel schleuderte, um sie vor dem Jäger Arktur zu retten. Vor dem läuft die Bärin noch heute davon, ihr Schwanz zeigt auf den Verfolger.

Da gibt es so viel zu erzählen ... von Orion und den sieben Jungfrauen, denen er seit zweieinhalbtausend Jahren nachstellt, von Herkules und dem Löwen, vom ungewöhnlichen Schicksal der Zwillinge und von dem einzigen Musikinstrument am Sternenhimmel, der Leier. Ganze Bücher kann man darüber schreiben, und natürlich ist das auch geschehen.[27]

Besorgen Sie sich auch große Bildbände aus örtlichen Bibliotheken und bestaunen Sie gemeinsam die Welten, in die unsere größten Fernrohre hineinschauen. Besonders beeindruckend sie die Fotos von Galaxien und die neueren Aufnahmen des Weltraumteleskops Hubble – fragen Sie danach!

Ja ... und dann ist da noch das große Geheimnis der Sterne, das Sie noch nicht in der ersten Nacht verraten dürfen, frühestens in der vierten oder fünften. Die Sterne „leben". Sie werden in großen Wasserstoffgaswolken wie zum Beispiel dem Orionnebel gezeugt und durchlaufen ein „Embryonalstadium". (Es heißt wirklich so! Im Orionnebel ist es schon mit kleinen Fernrohren zu beobachten). Schließlich werden Sterne „geboren", indem sie sich nach dem Embryonalstadium als große leuchtende Energiewesen stabilisieren.

Auch die Sonne ist ein Stern. So ähnlich wie unsere Sonne sehen alle Sterne aus der Nähe aus. Manche sind zwar vieltausendfach größer, andere dagegen viel kleiner. Unsere Sonne ist ein mittelgroßer Stern.

---

[27] Wolfgang Schadewaldt arbeitet in seinem Buch *Sternsagen* den authentischen Gehalt der Sagen heraus. *Helden und Ungeheuer am Himmelszelt* von Maj Samzelius (Herder-Verlag) erzählt Sternsagen kindgerecht, allerdings nicht immer getreu den alten Vorlagen. Im Buchhandel gibt es mittlerweile auch diverse andere Titel.

Ein Stern lebt von Kernfusion der Wasserstoffatome, Ihrem Kind erklären Sie das am besten als eine Art riesigen Backofen für Atome. Das ist ein Stern tatsächlich, denn in seiner Mitte werden große Atome regelrecht zusammengebaut. Dabei entsteht Energie, die der Stern als Licht und Wärme für seine Planeten abstrahlt. Wenn der Stern nach vielen Jahrmillionen aus Mangel an Wasserstoff stirbt, schleudert er in einer gewaltigen Explosion alle schweren Atome weit hinaus ins All. Das kann man beim Ringnebel in der Leier oder bei M1 im Stier beobachten. Bei dieser Explosion entstehen nochmals große Atome, so daß alle Elemente im Weltall (bis auf Wasserstoff) aus dem Inneren der Sterne stammen: Stickstoff, Sauerstoff, Kohlenstoff, Calcium, Magnesium, Eisen, Natrium...sogar Gold! Und die Grundstoffe des Lebens – aus dem Tod der Sterne entsteht neues Leben. Das ist ein Prinzip, das wir auch auf der Erde kennen: Tod, der neues Leben bringt. Aus den Explosionswolken gestorbener Sterne entstehen Planeten, die schließlich auch Leben tragen können. Wir bestehen also aus Sternenstaub, wir sind echte Sternenkinder. Jeder Stern ist ein Lebenslicht im Universum.

Achten Sie auf die Aufnahmefähigkeit Ihres Kindes. Schauen, staunen und alte Geschichten sind wichtiger als zu lange astronomische Erläuterungen! Gehen Sie heim, bevor Ihr Kind wegen der Kälte quengelt, auch wenn Ihre eigene Begeisterung noch für Stunden reichen würde. Wenn es keinen Spaß mehr macht, wird Ihr Kind nicht noch einmal zu einer Sternennacht nach draußen wollen.

🖉 Sind Sie beide schon etwas vertraut mit dem Sternenhimmel, dann spielen Sie in der Dämmerung **Sterneraten**: zwanzig Minuten nach Sonnenuntergang kommen die ersten hellen Sterne durch, ohne daß ihre Sternbilder schon zu sehen wären. Welche es wohl sind? Sirius, Procyon, oder doch Jupiter? Wega oder Deneb?

📵 Im Sommer macht es Spaß, in einer warmen Nacht auf dem Rücken im Gras oder am Strand zu liegen und auf Sternschnuppen zu lauern. Mit jeder ist ein Wunsch frei … (und die Wünsche gehen in Erfüllung!). Wenn Sie zu dritt oder mehr sind, legen Sie sich doch in Sternformation auf dem Boden und schauen einfach ins weite All, mit oder ohne Fernglas: *„Sternenkinder gucken Sterne".*

Dazu paßt eine Inspiration von Timothy Ferries, der einen wunderschönen Bildband über Galaxien herausgegeben hat[28]:

Es ist buchstäblich wahr, daß wir Teil unserer Galaxie sind. Die Atome, aus denen wir gebildet sind, wurden in den Geweben einer Galaxie gesammelt, ihr seltsames Zusammenkommen in lebende Geschöpfe wurde durch die Wärme eines Sterns in einer Galaxie ermöglicht; wir sind Teil von allem, und so auch unsere Augen, mit denen wir Galaxien betrachten. Wenn wir das verstehen, lassen wir die stummen Sterne sprechen. Stell dich unter die Sterne und sage ihnen, was du willst. Lobe oder tadle sie, befrage sie, bete zu ihnen, wünsche dir etwas. Das Weltall antwortet nicht. Aber es spricht.

Bevor Sie von einer Sternennacht nach Hause gehen, verabschieden Sie sich natürlich von den Himmelslichtern, wenn Sie möchten, wieder mit einem Kreis und einem „OM". In der Naturschule bedanken wir uns bei ihnen auch für die „Sternstunden", und vielleicht liegt es daran, daß wir bei Sternkursen so oft gutes Wetter haben …

---

[28] Timothy Ferries: *Galaxien*, Frankfurt 1992.

📖 Natürlich lädt das Erlebnis des Sternenhimmels zu **Meditationen** ein. Eine komplexe Meditation, das **Mandala der vier Richtungen,** wird im Kapitel „Jahreszeiten" beschrieben (vgl. S. 161). Eine andere Meditation ist **Sternenraum.** Sie gibt einem in der unendlichen Weite des Alls, in der man sich leicht verloren fühlt, eine feste Heimat wieder. So wie hier beschrieben ist sie für Kinder ab sieben Jahre geeignet. Für jüngere Kinder können Sie die Meditation entsprechend dem Wissen und der Vorstellungsfähigkeit Ihres Kindes vereinfachen.

Sie liegen auf Isomatten, im Sommer auf Gras oder Sand unter den Sternen.
Wir richten unsere Aufmerksamkeit auf unseren Atem. Wenn ich einatme, weiß ich: Jetzt atme ich ein. Wenn ich ausatme, weiß ich: Jetzt atme ich aus.
Wir spüren unseren Körper auf der Erde liegen: an den Beinen... am Po... am Rücken... den Armen... den Schultern... dem Kopf. Wir spüren, wie der Erde uns mit ihrer Anziehungskraft festhält, damit wir nicht einfach da rausfliegen ins Weltall.
Wie wir wird auch alles andere auf der Erde festgehalten: die Steine, Wasser, die Blumen, Bäume, Tiere, alle Menschen. Mutter Erde hält sie alle fest.
Wir alle zusammen gehören zur Erde, wie die verschiedenen Organe zum Körper: Hände und Füße, Magen und Herz gehören zu unserem Körper. Wälder und Meere, Wolken, Tiere und Menschen gehören zum Körper der Erde. Die Erde ist ein großes Lebewesen, und wir sind ein Teil davon.
Wir spüren, wie wir uns mit der großen Erde drehen... als riesiger Ball tanzt die Erde um die Sonne, auf dem großen Erdball sind wir und alle unsere Geschwister: die Bäume, die Wolken, die Tiere, und wir drehen uns mit. Es ist ein großer Tanz.

Wir sind ein Teil der Erde. Und die Erde ist wieder Teil von einem noch größeren Wesen. Denn die Erde, der Mond, die Sonne, der Mars, die Venus, der Jupiter, der Saturn... sie gehören zum großen Körper, den wir „Sonnensystem" nennen. Jeder Teil hat seine Aufgabe darin, wie die Organe in unserem Körper: Die Sonne gibt Licht und Wärme...; der Mond macht die Gezeiten der Meere...; Venus strahlt als Abend- oder Morgenstern...; jeder Planet spielt seine Rolle.

Unser Sonnensystem ist eines von vielen. Milliarden solcher Sonnensysteme bilden eine Galaxie, so wie die Andromeda-Galaxie. Das ist ein gigantisch großer Körper, der aus hundert Milliarden Sonnen besteht. Auch eine Galaxie hat Organe – da gibt es die Spiralarme mit großen Wasserstoffgaswolken, wie den Orionnebel, in dem neue Sterne geboren werden. Da gibt es das Milchstraßenzentrum, in dem ein riesiges Schwerkraftzentrum sitzt, das alles zusammenhält. Da gibt es den Schwarm der Kugelsternhaufen um die Milchstraße herum, deren Funktion uns noch nicht bekannt ist; und so vieles mehr...

Wir sind Teil dieses riesigen Wesens, das den seltsamen Namen „Milchstraße" trägt, einem leuchtenden Wirbelwind aus hundert Milliarden Sternen. Und wie das Herz, der Magen oder die Lunge in unserem Körper, so spielen wir Menschen eine Rolle darin.

Auch die Milchstraße ist nur eine unter vielen, vielen Galaxien. Alle zusammen bilden sie das Weltall:... ein gigantisches Universum, zusammengesetzt aus Billionen von Teilen.

Und wir auf unserer Erde, wir sind ein Teil davon. Und so klein wie wir Menschen im Vergleich dazu auch sind – dieses riesige Weltall paßt in unser Herz, denn wir können es spüren. Wie erleben das riesige Weltall, wenn wir mit unseren Augen da hinaus in die Ferne gucken.

Und es paßt in unseren Kopf, denn wir können es denken und verstehen.

Unser Herz und unser Kopf sind von außen scheinbar klein, aber von innen sind sie riesig groß, so wie das Weltall.

Wenn ich jetzt in die Hände klatsche, dann fühlst du diesen riesigen Raum in dir.

[Warten Sie ein paar Sekunden, dann klatschen Sie laut! Anschließend verweilen Sie für eine halbe bis eine Minute beim Erleben des Raums, nicht länger.]

Wenn ich gleich noch einmal in die Hände klatsche, dann kehrst du aus dem Raum in dir zurück in unsere Welt. Das ganze große Weltall wird zu einem warmen, leuchtenden Punkt in deinem Herzen. Von innen ist es riesig groß, doch von außen ist nur ein einziger Punkt, ein leuchtender, freudvoller Lebensfunken in deiner Mitte.

[Warten Sie einige Sekunden, dann klatschen Sie wieder laut in die Hände, lauter als zuvor! Nach einer halben Minute geht es weiter:]

Jetzt sind wir beide wieder Menschenkinder, die auf unserer Erde liegen, gehalten von ihrer Anziehungskraft.

Wir spüren unseren Atem: Wenn ich einatme, weiß ich, jetzt atme ich ein. Wenn ich ausatme, weiß ich, jetzt atme ich aus. [Einige Sekunden so lassen, dann:] Bewege deinen ganzen Körper etwas durch – die Füße, … die Beine, … die Arme, … die Hände, … die Schultern, … den Kopf. Öffne die Augen, wir sind zurück von unserer Reise.

Wenn Sie eines Abends unter dem Firmament stehen und Sternbilder zeigen, die alten Sagen dazu erzählen und das eine oder andere Himmelsjuwel mit dem Fernglas näherholen, sind Ihnen gebannte Zuhörer gewiß, auch solche, die zufällig dazustoßen. Fangen Sie an, machen Sie sich mit den Sternen bekannt. Es ist gar nicht so schwierig. Es lohnt sich, denn Sternfreundschaften halten eine Ewigkeit!

153

Jahreszeiten

Sie haben in den vorherigen Kapiteln schon vieles über die verschiedenen Jahreszeiten lesen können, etwa über die Aufeinanderfolge der Wiesenblumen oder den Wechsel der Sternbilder. Wer die Natur durchs Jahr hindurch beobachtet, dem sind 365 Kalendertage kein Einerlei, kein alltäglicher Ablauf. Er erlebt Zeit als „Qualität", nicht nur als meßbare Intervalle von immergleicher Länge. Selbst die Jahreszeiten kehren nicht in gleicher Weise wieder. Jedes Jahr hat seine Besonderheiten.

In Buchhandlungen gibt es Führer durch den Jahreslauf der Natur für Ihr Kind und auch für Sie. Decken Sie sich ruhig mit Bestimmungsliteratur ein – Bäume, Kräuter und Sternbilder veralten auch im Computerzeitalter nicht, nicht einmal nach Generationen!

Kinder mit Naturforscher-Ambitionen legen sich sogar ein Natur-Tagebuch an, in das sie die jahreszeitliche Beobachtungen und Veränderungen an „Ihrem Platz" aufzeichnen, getrocknete Blätter einkleben usw.

Thema dieses Buches sind nicht vorrangig naturkundliche Beobachtungen, deswegen werden nur einzelne jeweils kurz erwähnt. Details finden sich dann in der Bestimmungsliteratur. Hier geht es statt dessen um besondere Erlebnisqualitäten in den verschiedenen Jahreszeiten, um weitere Anregungen für Naturmeditationen.

Frühjahr

Astronomischer Beginn des Frühjahrs ist der 21. März, meteorologisch beginnt es schon am 1. März, aber seine Zeichen sind noch viel früher zu entdecken – in warmen Wintern ab Ende Januar, sonst Mitte Februar: Kennen Sie die winzigen weiblichen roten Haselblüten? Alle Welt bemerkt nur die auffälligen gelben männlichen Blüten, die so dekorativ von den nackten Zweigen hängen und ihren Staub dem Wind anvertrauen – zur gleichen Zeit aber können Sie die kleinen rotleuchtenden weiblichen Blüten auf der Spitze der Knospen entdecken. Wie winzig kleine Antennen empfangen sie den Blütenstaub anderer Haseln aus der Luft.

In den ersten warmen Tagen des März wagen sich die strahlend gelben Huflattichblüten ans Licht, als „erste Antwort der Erde" auf die wieder erstarkende Sonne. Später im Frühjahr drängen dann die Blätter der Sträucher und Bäume je zu ihrer Zeit aus den Knospen. Auch die Wiesen zeigen ihre typische Tracht. All dies läßt sich Woche für Woche verfolgen.

Ab März kommt der **Gesang der Vögel** dazu, der sich bis zum Juni steigert. Für Erwachsene ist es schon eine Meditation, darauf bewußt zu lauschen – man hält seine Aufmerksamkeit gezielt beim Hören. Kinder horchen konzentriert, wenn sie einzelne Stimmen im Gesang erkennen möchten. Morgens oder noch besser abends um die Zeit des Sonnenuntergangs können Sie am Waldrand oder in einem nahen Park auf Vogelpirsch gehen. Lernen Sie zuvor gemeinsam zwei oder drei Vogelstimmen von einer CD. Einfach und auch für Kinder leicht zu unterscheiden sind Zilpzalp, Buchfink und Kohlmeise. Gut herauszuhören sind auch Amsel, Zaunkönig, auf freiem Feld Goldammer, Feldlerche und Bussard. Wenn Sie die Vogelstimmen von einer CD lernen, achten Sie darauf, daß die Stimmen mit ihren Besonderheiten auch erläutert werden, zumindest im Begleitbuch. Nehmen

Sie ansonsten einmal an einer vogelkundlichen Wanderung teil, wo man Ihnen die Stimmen erklärt.

Mit dem Fernglas werden Sie ab und an auch Vögel beobachten können. Das ist im Februar und März allerdings einfacher, weil sich die Piepmätze dann nicht im Blätterkleid der Bäume verstecken können: Kohlmeise, Buchfink, Haubenmeise, gelegentlich auch ein Rotkehlchen, und die allgegenwärtigen Amseln sowieso.

Der Frühling ist Erwachen, Aufblühen, Wachsen. An einem warmen, sonnigen Tag können Sie Ihr Kind in einen **Blumensamen** verwandeln: Legen Sie das Zaubertuch über seinen Kopf, sprechen Sie den Zauberspruch und verwandeln Sie es in den Samen eines Huflattichs, Wiesenschaumkrauts, einer Butterblume oder was gerade blüht.

Schwarzwaldschrat und Donnerwetter, Kuckucksholz und Bärendreck, jetzt sind wir ein klitzekleiner Same vom Löwenzahn...

[Gehen Sie gemeinsam in die Knie.]

Wir liegen in der Erde, oben ist es Winter, da ist Eis und Schnee. Oben ist es kalt, aber hier in der Erde haben wir es warm.

Jetzt wird es Frühling. Der Schnee schmilzt, und all das Wasser kommt zu uns in die Erde. Wir trinken das Wasser und werden ganz dick dabei... schlürf... schlürf...

Jetzt platzt unsere Schale – plopp. Unten wächst ein kleines Wurzelfüßchen in die Erde. Damit halten wir uns fest.

Jetzt wächst nach oben ein kleiner Trieb. Wir wachsen jetzt nach oben, werden länger und länger.

[Stehen Sie langsam auf.]

Wir arbeiten uns durch die Erde, und oben brechen wir endlich durch ans Licht. Wir entfalten kleine grüne Blätter.

[Jetzt stehen Sie, noch etwas gekrümmt, breiten die Arme aus.]

Aus der Erde trinken wir Wasser. Von der Sonne trinken wir Licht.
Es ist ganz warm, uns ist sehr wohl. Wir wachsen.

[Aufrichten.]

Jetzt kommen auch noch mehr Blätter aus unserem Stiel.

[Arme weiter entfalten, Hände ausstrecken, der Sonne entgegen.]

Wir werden eine schöne, große Pflanze.
Auf der Spitze, da entfaltet sich jetzt das schönste von uns, eine große gelbe Strahleblüte.

[Augen weit öffnen, strahlend wie ein Löwenzahn lächeln, wenden Sie das Gesicht der Sonne zu, genießen Sie!]

Als Dankeschön an die Sonne für ihre Wärme und ihr Licht machen wir es mit unserer Blüte der Sonne nach. Wir sind eine kleine Sonne...
Wir stehen da auf unserer Wiese und genießen.
Und jetzt verwandelt sich deine Blüte wieder in einen Menschenkopf, ... deine Blätter wieder in Arme, ... der Stiel in deinen Menschenkörper, ... die Wurzeln wieder in Beine.
Du bist zurückverwandelt in ... (Anja? Kai? ...)

Sie können eine solche Meditation auch mit den **Blättern**, die nach langem Winter aus den Knospen springen, erfinden, oder mit Tieren, die *aus dem Winterschlaf erwachen*. Die *Rückkehr der Vögel* aus dem Winterquartier im Süden kann Thema für eine Phantasiereise sein – der lange Flug über Meer und Gebirge, wie die Vögel ihren Platz vom letzten Jahr bei uns wieder suchen, wie sie ihr Nest neu einrichten, auf Partnersuche gehen, sich liebhaben und schließlich Eier ausbrüten.

🍂 Basteln Sie anschließend ein *Vogelnest* aus den Materialien der Natur! Es soll zusammenhalten und stabil sein, innen aber weich und warm!

🍂 Wenn Sie ein Vogelnest draußen entdecken, vielleicht sogar mit Eiern darin, können Sie Ihr Kind auch in den Lebenskeim in einem *Amselei* verwandeln und mittels einer Phantasiereise das Heranwachsen und Ausschlüpfen erleben lassen.

🍂 Ihr Kind kann sich in ein vierbeiniges Tier verwandeln, z. B. einen Fuchs oder ein Eichhörnchen, und dann einen Unterschlupf für den Nachwuchs bauen, um darin *Tierfamilie* zu spielen.

🍂 Das Frühjahr ist eine günstige Zeit, um abends in der Dämmerung mit dem Fernglas auf *Pirsch* zu gehen. Verstecken Sie sich mit freiem Blick auf eine am Waldrand gelegene Wiese, möglichst mit dem Wind ins Gesicht. Sie müssen schon eine ganze Weile ruhig liegen oder sitzen bleiben, damit die Tiere nicht mißtrauisch sind. Manchmal sieht man trotz allem nichts, meistens aber wenigstens ein paar Kaninchen, vielleicht Hasen, oft Rehe, gelegentlich sogar einen Fuchs. Für Wildschweine und Dachse müssen Sie um Mitternacht los und besteigen am besten einen Hochsitz (auch wenn die Pächter der Jagd das meist nicht gerne sehen).

Gerade in der Naturbeobachtung gibt es unzählige Möglichkeiten stiller Erfahrungen – die Bewegungen der Kaulquappen in einer großen Pfütze (halten sie einen Finger in das Wasser, schon bald saugen sie sich mit ihren kitzelnden „Fischmündern" daran fest!); das Warten auf den ersten Ausflug junger Meisen; das Schlüpfen einer Libelle aus ihrer Puppe; den Besuch von Hummeln und Bienen in den Blütentempeln einer Blumenwiese …

Im Frühling können Sie Wachstum und Veränderung der Lebensformen in kurzen Zeitabständen wahrnehmen – besuchen Sie die Pfütze mit den Kaulquappen in jeder Woche, bis lauter Mini-Frösche aus dem Wasser kommen und davonhüpfen. Beobachten Sie, wie sich die Buchenblätter von fast durchsichtigen, zartgrünen Häutchen im April zu derben grünen Blättern im Juli entwickeln, wie aus den winzigen roten Haselblüten über Monate hinweg die Haselnüsse wachsen …

Halten Sie die Augen auf, und lassen Sie sich von naturkundlichen Büchern weiter inspirieren.

Sommer

Astronomisch beginnt der Sommer mit der Sommersonnenwende am 21. Juni, meteorologisch schon am 1. Juni. Bis zur Sonnenwende nutzen die Bäume die Kraft der Sonne für ihr Wachstum. Nach dem Johannistag wachsen die Bäume nicht mehr weiter, sondern investieren die ganze Kraft des Sommers in die Zukunft: Sie sammeln das Licht der Sonne in ihren Früchten und Samen; sie bilden Knospen mit den Anlagen für die Blätter des kommenden Jahres; sie lagern Nährstoffe für den Start im nächsten Frühjahr ein. Auch die Tiere beginnen jetzt, nach der Aufzucht ihrer Jungen, sich eine Speckschicht für den Winter anzufressen. In der Landwirtschaft wächst heran, was uns über den Winter bringen wird.

Für Kinder ist der Sommer natürlich *die* Zeit zum Draußensein: stundenlang im Wald oder auf Wiesen spielen, unter den Sternen übernachten, baden und Wasserschlachten machen, nicht zuletzt auch Ferien mit viel Zeit zum Naturerleben, sei es am Meer oder im Wald.

Jetzt segeln die Ahornsamen von den Bäumen – werfen Sie ganze Hände voll davon einen Aussichtsturm herunter! Typische Sommerkräuter säumen den Weg zum Badesee – Johanniskraut, Springkraut, Mädesüß, Goldrute ...

Fast alle Naturmeditationen, die hier im Buch beschrieben sind, passen in den Sommer, besonders jene im Kapitel „Wasser", „Wiese" und „Nacht". Auch in den Kapiteln „Sich Versenken", „Zwiesprache", „Einssein" und „Wald" können Sie aus dem vollen schöpfen, im Sommer ist es warm genug für all die stillen Beobachtungen und Phantasiereisen.

Neben Stille-Erfahrungen bietet der Sommer auch unzählige Möglichkeiten für „Action", mit der Ihre Kinder Bewegungsdefizite aus dem Schulalltag ausgleichen können. Hütten bauen und darin übernachten, Ballspiel-Turniere auf der

Wiese, ein Baumhaus konstruieren ... Besonders gut ist, wenn Ihr Kind sich „nützlich" austoben kann – zum Beispiel bei der Mithilfe auf einem Bauernhof oder in einem Reitstall. Neben der körperlichen Aktivität lernen Kinder dabei auf spontane Weise den Umgang mit Tieren, lernen Kreisläufe und Bedürfnisse der Natur kennen. Ein Abenteuer ist es allemal. Mancherorts gibt es Schulbauernhöfe mit Ferienprogramm.

Im Sommer bietet der Wald genügend Materialien für kreative Aktivitäten, z. B. **Blüten bauen** oder **Insekten bauen** aus verschiedenen Pflanzenteilen – da können ganz neue Phantasiepflanzen und Phantasietiere entstehen, mit denen Sie ein Stück Wald bevölkern: eine *Brummbäre* auf dem Baumstumpf, ein *Farnkriechling* im Laub, eine *Flunderblume* mitten auf dem Weg ...

Sie können auch **Fußspuren** hinterlassen: Ziehen Sie sich Schuhe und Strümpfe aus, dann geben Sie den Eindruck Ihres nackten Fußes auf Moos, Erde usw. Mit Lehm an den Füßen können Sie auch Spuren auf Baumstümpfen, Steinen oder Rinden hinterlassen. Wie wäre es mit einer Fußspur einen Baum hinauf? Achten Sie auch darauf, welche verschiedenen Eindrücke die Materialien auf Ihre Füße machen.

Und wie kann man eine Fußspur im Bachbett hinterlassen? Lassen Sie sich etwas einfallen ...

In jede Jahreszeit paßt das **Mandala der vier Richtungen.** Es braucht nur die entsprechende besinnliche Stimmung dazu, vielleicht zum Sonnenuntergang oder nach einer Nacht unter den Sternen, um den neuen Tag zu begrüßen. Es ist eine Meditation über die vier Himmelsrichtungen, die vier Jahreszeiten, die vier Tageszeiten und die vier Elemente. Orientieren Sie sich, bevor Sie die Meditation anleiten, über die Himmelsrichtungen. Beginnen Sie dann, wie beim Begrüßen Ihres Platzes, mit den Händen auf der Erde:

Wir schließen die Augen und richten unsere Aufmerksamkeit auf das, was unsere Hände spüren.

Die große Erde ist ein lebendiges Wesen. Mit den Händen nehmen wir die Kraft der Erde auf, so wie die Pflanzen mit ihren Wurzeln.

Ohne die Verbindung zur Erde zu lösen, nehmen wir die Hände wieder hoch, richten uns auf und drehen uns jetzt nach Süden.

Im Süden erreicht die Sonne ihren höchsten Stand; ebenso der Mond und alle Gestirne. Der höchste Stand dauert aber nur einen einzigen Augenblick, dann beginnt schon der absteigende Teil der Bahn. Darin liegt ein Geheimnis verborgen, denn in gleicher Weise verweilt auch die Zeit nur einen einzigen Augenblick – in der Gegenwart. Das Jetzt ist immer nur ein kurzer Moment, und schon ist es Vergangenheit.

Die Vergangenheit ist vorbei, niemand kann sie noch einmal beleben. Die Zukunft ist noch nicht, nur die Gegenwart existiert – immer nur für einen Augenblick, jetzt.

Deswegen steht der Süden für den gegenwärtigen Moment, für das „Hier und Jetzt". Auch die Sternbilder im Süden zeigen die gegenwärtige Jahreszeit.

Im Süden ist der Mittag zuhause, der Sommer. Dort wohnt das Element Erde.

Im Sommer sammeln die Bäume Kraft für die Zukunft. So ist es auch mit uns: Für die Zeit, die auf uns zukommt, ist das entscheidend, was wir jetzt gerade tun.

Wir öffnen uns für diese Kraft. Wir bleiben einige Minuten still nach Süden ausgerichtet.

...

Dann wenden wir uns, wie die Gestirne in ihrem Lauf, nach Westen zu.

Westen ist der Ort, wo der Tag sein Ende findet, wo Sonne und Mond untergehen, wo auch die Sterne hinter dem Horizont verschwinden. Die Nacht zieht sich in den Westen zurück, wenn der Morgen anbricht. Der Westen steht für den Abend, für den Herbst, für Vergangenheit und Vergänglichkeit. Im Westen finden wir nachts die Sternbilder der vergangenen Jahreszeit. Im Westen ist das Element Wasser zuhause. Wie das Wasser müssen wir lernen, geschmeidig zu bleiben, uns ständig zu verändern und zu bewegen, denn die Zeit bleibt nicht stehen. Wir können nichts festhalten, wie das Wasser müssen wir fließen. Alles, was zusammengesetzt ist, wird eines Tages auseinanderfallen. Alles, was geboren wurde, muß einmal sterben.

Aber Westen ist nicht nur Verlust. Die Kraft des Sommers ist in seinen Früchten konzentriert, der Herbst ist auch die Zeit der Ernte. So hinterläßt alles, was geschah, auch Spuren in uns, Samen für die Zukunft.

Der Tod hat auch etwas Reinigendes, denn so ist Platz für neues Leben. Wenn die Bäume im Herbst ihre Blätter nicht loslassen, dann können sie im Frühjahr keine neuen Blätter bekommen. Wenn wir unsere Vergangenheit nicht loslassen, ist kein Raum für das Jetzt und für das Morgen.

Wir richten uns für einige Minuten still nach Westen aus. Vielleicht gibt es auch etwas, an dem wir gerade festhalten, das wir besser nach Westen ziehen lassen sollten. Dann lassen wir es jetzt einfach los.

...

Dann drehen wir uns, wie die Gestirne, weiter in Richtung Norden.

Im Norden ziehen sich Sonne, Mond und Sterne tief unter den Horizont zurück, sie durchlaufen den tiefsten Punkt auf ihrer Bahn. Im Norden wohnt die Nacht. Dort ist auch der Winter zuhause, jene Jahreszeit, in der das äußere Licht geschwunden ist. Im Winter schlafen Pflanzen und Tiere, sie verweilen im großen Traum von Mutter Erde. Das Leben zieht sich in seine Wurzeln zurück. Früher haben sich auch die Menschen im Winter zurückgezogen, in ihre Häuser, aber auch in ihren Geist: Der Winter ist die Zeit für Stille und Einkehr. Wenn die Sonne am niedrigsten steht, zur Zeit der Wintersonnenwende, feiern wir die Weihnacht. Es ist ein Hinweis, nicht im äußeren Dunkel der Welt nach Licht und Sinn zu suchen, sondern dem Licht in unserer eigenen Mitte zu begegnen. Diese Begegnung, die „Lichtgeburt" wandelt auch die äußere Welt – sie wird hell, wenn wir Licht aus unserer Mitte strahlen lassen.

Im Norden stehen zu jeder Zeit die gleichen Sternbilder, ohne Kommen und Gehen. In der Mitte des Nordens steht sogar immer der gleiche Stern, der Polarstern. Er ist die Nabe des großen Himmelsrades, der ruhende Pol, um den die ganze Welt sich dreht. Dieser Mittelpunkt ist jenseits aller Zeit, er steht für „Ewigkeit". So ist auch unsere Mitte unberührt von allem Auf und Ab, allem Hin und Her, sie ruht in sich selbst.

Im Norden ist das Element Luft zuhause. Es steht für den Geist, für jenes Unsichtbare, in dem alles Sichtbare seinen Ursprung hat.

Wir richten uns einige Minuten still nach Norden aus. Dabei spüren wir unserer eigenen Tiefe nach, dem ruhenden, leuchtenden Pol in unserer Mitte.

...

Wie die Gestirne aus der Tiefe des Nordens im Osten wieder auftauchen, so drehen wir uns jetzt vom Norden weiter nach Osten.

Im Osten beginnt der Tag, beginnt die Nacht. Im Osten steigen Sonne, Mond und Sterne aus der Unsichtbarkeit wieder in den Himmel auf. Im Osten sehen wir nachts die Sternbilder der zukünftigen Jahreszeit, alles Kommende nimmt von Osten her seinen Anfang. Der Morgen wohnt im Osten, ebenso der Frühling, die Zukunft und das Element Feuer.

Alles, was auf uns zukommt, ist dort noch verborgen. Es ist noch nicht geformt. Alle Freuden, aber auch alle Aufgaben, die sich uns stellen werden, sind in der Zukunft als Möglichkeit bewahrt. Auch die Kraft, an Schwierigkeiten zu reifen, wächst uns von dort aus zu.

Wir öffnen uns nach Osten; für das, was da auf uns kommt.

...

Jetzt nehmen wir unsere Hände wieder zur Erde. Wir verbinden uns mit der Erde.

Der Kreis der Jahreszeiten, der Kreis der Sonne an einem Tag ist ein Symbol für das Leben und seinen Weg: Geburt – Reifen – Tod – in der Tiefe an die Ewigkeit rühren, an den zeitlosen Ursprung des Seins – und von dort aus neu geboren werden.

Wir finden dieses Bild wieder im Lauf der Sternbilder, im Leben von Pflanze und Tier, und letztlich ist es der Weg unseres eigenen Lebens.

Wir müssen das alltägliche Auf und Ab, das Hin und Her nicht immer so wichtig nehmen. Wichtig ist, immer wieder dem zeitlosen, ruhenden, leuchtenden Pol in unserer Mitte nachzuspüren – zu meditieren.

Dieser Mittelpunkt ist nicht nur unser eigener. Es ist der Mittelpunkt aller Wesen, jenseits von „innen" und „außen", von „ich" und „du", ohne „entstehen" und „vergehen". Weil wir mit allen Wesen die gleiche Mitte teilen, sind sie unsere Geschwister. Alles, was auf dieser Erde lebt, ist mit uns verwandt.

Alle Lebewesen, ob auf unserem eigenen Stern oder auf anderen Sternen, sind unsere Geschwister.

...

[Dann nehmen sie, ohne die Verbindung zur Erde zu lösen, die Hände vom Boden wieder auf.]

Diese Meditation ist komplex – Kinder verstehen ihre Symbolik dennoch, wenn Sie zuvor entsprechende Naturerfahrungen gemacht haben. Deswegen steht diese Meditation auch im letzten Kapitel des Buches: Sie sollten sie durchführen, wenn Ihr Kind mit dem Lauf der Sonne und der Gestirne schon vertraut ist, wenn es die Elemente erfahren hat, und wenn es zumindest drei der vier Jahreszeiten schon bewußt in der Natur erlebt hat. Die Anleitung hier ist auch nicht zum wortwörtlichen Vorlesen gedacht, sondern als Inspiration für Sie selbst. Probieren Sie die Meditation aus, dann leiten Sie sie Ihren eigenen Erfahrungen und dem Alter Ihres Kindes entsprechend an. Unterschätzen Sie Kinder aber nicht... Sie verstehen in der Sprache der Symbole besser, als wir Erwachsenen glauben mögen.

Herbst

Nach der Urlaubszeit, mit Beginn des Monats September, hat das Jahr seinen Höhepunkt bereits überschritten. Es wird schon wieder früher dunkel – der Untergangspunkt der Sonne rückt Abend für Abend aus Nordwest weiter nach West, bis er zur Tag-und-Nachtgleiche genau im Westen steht. Am Sternenhimmel zeigen sich schon die Vorboten des Winters, die Plejaden, Orion, Fuhrmann mit Capella und der Große Hund mit Sirius im Osten. Die Herbstzeitlose verleiht den Wiesen einen letzten bunten Tupfer (in der Schweiz wird sie scherzhaft „Optimistenkrokus" genannt). Auf den Feldern ziehen herbstliche Farben ein; Äpfel, Trauben und Nüsse werden reif, es wird geerntet.

Mit oder ohne Altweibersommer – ab Oktober werden die Blätter bunt und fallen, jeder Baum hat eine eigene Zeit dafür. Die Pappeln beginnen, Linden und Birken folgen, Buchen und Eichen trotzen noch lange den kalten Nächten. Die Lebenskraft der Kräuter zieht sich in deren Wurzeln zurück, alles Leben in der Natur bereitet sich auf den Winter vor. Das Tageslicht schwindet mehr und mehr.

Zum Ausklang des Jahreslaufs geben die Blätter als Dank für das Licht des langen, warmen Sommers noch einmal die Farben eines schönen Sonnenuntergangs wieder, bevor sie braun wie die Erde werden und zu Boden fallen.

Sie können für jede Baumart eine **Farbreihe** zusammenstellen vom grünen Blatt bis zum braunen – jede Baumart hat im Herbst ihre eigenen Farben: Ahornblätter leuchten hell sonnengelb, durchsetzen sich mit blutroten Flecken, werden dann ganz rot und schließlich schwarzbraun. Buchenblätter nehmen hingegen ein glänzendes Gold an, bevor sie rotbraun werden und selbst am Schluß noch einen deutlichen Rotstich behalten, wenn sie vertrocknet auf die Erde fallen. Linden hingegen begnügen sich mit warmem Gelb über das ganze Blatt, bevor sie sich entlauben. Erlenblätter verfärben sich überhaupt nicht, sie fallen grün vom Zweig. (Die Erle hat stickstoffbindende Knöllchenbakterien. Sie muß das kostbare Eiweiß des Blattgrüns nicht aus den Blättern herausziehen, denn sie kann es in großer Menge selber bilden.)

🍂 Aus den farbigen Blättern läßt sich auch ein **Mosaik** auf den Waldboden zaubern: eine Wald- und Wiesenlandschaft mit glühendem Sonnenuntergang, ein Gesicht, eine abstrakte Farbstudie ...

Aus den vorherigen Kapiteln eignen sich außerdem folgende Übungen besonders gut für den Herbst:

🍂 **Wolken im Wind/Tanz der Bäume** (S. 34); die Geschichten **Warum die Eichen im Winter ihre Blätter behalten** (S. 43) und **Das Märchen von den Douglasienzapfen** (S. 47) sowie die Übungen **Mit verbundenen Augen** aus dem Kapitel „Sich Versenken" (S. 49).

🍂 Alle Meditationen aus dem Kapitel „Zwiesprache", besonders natürlich der **Laublulatsch** (S. 59).

🍂 Die **Baum-Meditation** aus dem Kapitel Einssein (S. 66). Die beschriebenen Phantasiereisen können Sie auch gut durchführen, wenn es draußen noch warm genug ist. **Die Vögel in der Luft** ist eine so kurze Übung, daß Sie sie sogar im Winter durchführen können (S. 87).

🍂 **Bilderrahmen; Waldfee; Sonnentierchen; Der siebte Sinn; Stapelstöckli** aus dem Kapitel „Wald" (S. 92–97).

Ansonsten ist der Herbst eine gute Zeit, den Blick zum Sternenhimmel zu wenden. Es wird früh dunkel, die Milchstraße spannt sich weit über unsere Köpfe, die spektakulärsten Sternbilder kommen nach und nach ins Blickfeld.

Im Herbst ist Sterben und Tod in der Natur allgegenwärtig. Sie können das Thema auffangen, indem Sie das **Mandala der vier Richtungen** meditieren oder ein **Mandala** über den Kreislauf von Leben und Tod auf dem Waldboden bauen (s. Kapitel „Zwiesprache", S. 57). Der Herbst konfrontiert uns mit der unangenehmen Tatsache der Vergänglichkeit: Alles, was geboren wurde, wird einst sterben; alles, was zusammengesetzt ist, wird einmal auseinanderfallen. Nichts hat dauerhaften Bestand außer unserem „inneren Raum", der all diesen Wandel erlebt.

Der Herbst ist aber zugleich die Zeit der Ernte, des Einsammelns von dem, wofür man gearbeitet hat. Der Sommer hat die Kraft der warmen Tage in Früchten und Samen hinterlassen. Sammeln Sie Wildfrüchte und kochen daraus Marmeladen oder Tee (Kinder lieben es, zu sammeln!).[29] Bucheckern, Haselnüsse, Vogelbeeren, Schlehen, Weißdornbeeren, Holunderbeeren, Kornelkirschen, Eicheln und andere Wildfrüchte lassen sich auch als Vogelfutter für den Winter einfrieren. Wenn Eßkastanien (Maroni) in Ihrer Gegend wachsen, sind die Nachmittage im Advent mit Sammeln, Rösten und Genießen ausgefüllt.

🍂 Verwandeln Sie Ihr Kind in einen **Winterschläfer**... jetzt im Herbst muß es einen sicheren, warmen Unterschlupf bauen. Die Winterzuflucht sollte gut gepolstert und verborgen sein... (Manche Kinder bauen so gute Verstecke, daß ich sie ohne Hinweise manchmal selbst nicht finden kann.) Ein paar „Vorräte" im Unterschlupf

---

[29] Erich Heiss: *Wildgemüse und Wildfrüchte*, Düsseldorf 1993. Krebs / Tempelmann: *Die Jahreszeitenküche*, Zürich 1988.

zu sammeln, kann übrigens nicht schaden. Wenn im Winter die Temperaturen dann doch einmal zu niedrig werden, erwachen nämlich auch Winterschläfer, um Kalorien nachzufassen.

Wenn es schließlich gegen Weihnachten geht, können Sie einen Baum im Wald für die Tiere, Zwerge und Feen als **Weihnachtsbaum** schmücken, aber bitte nur mit natürlichen Materialien (Waldmaterial, Äpfel, Nüsse, Meisenringe, Strohsterne etc.).

Winter

Mit der längsten Nacht beginnt zum Ausklang des alten Jahres der Winter. Hoffentlich fällt bald Schnee, der die trostlosen, grauen Wälder in wunderschöne Paläste verzaubert. Jetzt ist es Zeit, um Tierspuren zu entdecken, die Knospen der verschiedenen Bäume kennenzulernen und natürlich auch für Schneeballschlachten.

Im Winter werden Sie naturgemäß weniger oft zu Ihrem Platz gehen als zu den anderen Jahreszeiten. Noch immer ist der Winter die Zeit des Rückzugs. Warmer Ofen und heiße Schokolade haben etwas für sich, wenn es draußen ungemütlich ist. Um so wichtiger, daß Sie sich im Freien warmhalten. Nicht nur warm anziehen, sondern vor allem Bewegung heißt das Rezept, um auch bei tiefen Minusgraden nicht zu frieren. Das verträgt sich schlecht mit Meditation, deshalb sind Ihre Möglichkeiten im Winter begrenzt. Bewegungsspiele verlangen auch meist nach mehreren teilnehmenden Kindern, so daß Sie kaum zu zweit oder zu dritt für eine längere Naturzeit losziehen können.

Aktionsspiele zum Aufwärmen

Frost: Sie sind der Frost und wollen alle vereisen... – die Kinder rennen innerhalb eines zuvor abgesteckten Spielfeldes vor Ihnen davon. Wenn Sie jemanden berühren, erstarrt er zur Eissäule. Die Kinder können sich retten, indem sie sich zu zweit umarmen und gegenseitig wärmen. Das dürfen sie aber nur drei Sekunden lang, dann müssen sie sich trennen und weiterlaufen (sonst springen Flöhe über...). Zwei Kinder können auch eine Eissäule wieder auftauen, indem sie sie von hinten und vorne umarmen. Das Spiel endet, wenn alle „eingefroren" sind (oder der Frost vor lauter Wärme schwitzt... dann taut er selber auf!). Wenn Sie es alleine nicht schaffen, verwandeln Sie ein Kind in den „Hilfs-Frost" und jagen die anderen dann gemeinsam.

🍃 **Drachenschwanz:** Wenn 5 bis 9 Kinder teilnehmen, fassen sie sich in einer Reihe an den Händen, so bilden sie einen Drachen. Der Kopf jagt den Schwanz, d. h., der erste in der Reihe versucht dem letzten ein hinten im Hosenbund steckendes Tuch herauszuziehen. Der Schwanz verhindert das, indem er den Körper des Drachen (d. h. die Reihe der Kinder) möglichst immer zwischen sich und den Kopf bringt.

Ab zehn teilnehmenden Kindern können zwei Drachen aufeinander losgehen – der Kopf des einen Drachen versucht den Schwanz des anderen zu erwischen.

🍃 **Ehrenstetter Luftschloßschnäpper:** Es gilt, eine sehr seltene Schmetterlingsart vor dem Ausrotten zu bewahren, den *Ehrenstetter Luftschloßschnäpper.* Ab vier Kinder teilen sich in zwei Gruppen. Jede Gruppe will die Ehre für sich beanspruchen, das seltene Tier am Leben zu halten. Werfen sie ein Tuch mit festem Knoten in der Mitte und zwei „Flatterflügeln" hoch in die Luft. Wer es dann auffängt, darf es nur eine Sekunde in der Hand behalten (wegen der empfindlichen Flügel, versteht sich) und muß es einem Mitglied seiner eigenen Gruppe zuwerfen. Die andere Gruppe versucht natürlich dazwischen zu gehen, und außer Beißen, Schlagen, Kratzen und Treten ist alles erlaubt…

🍃 **Waldsofa bauen:** Das können Sie auch zu zweit, wenn kein Schnee liegt. Sammeln Sie einen großen Haufen Reisig zusammen und schichten ihn zum Waldsofa auf. So haben Sie einen trockenen, weichen Sitzplatz im Wald, der sich sogar für Phantasiereisen im Winter eignet.

Weitere Anregungen zu Bewegungsspielen finden Sie im Kapitel „Wiese" (S. 98). Außerdem gibt es ja noch die typischen Winterspiele, die zu jeder Kindheit dazugehören: Schneemann bauen, Schlitten fahren, Schneeballschlacht, Eislaufen, Schnee- Iglu bauen (mit Isomatte und einem guten Schlafsack können Sie sogar gemeinsam darin übernachten!).

Winterstille

Im Kontrast zu den Bewegungsspielen steht die winterliche Ruhe in der Natur. Machen Sie im Winter eine **Nachtwanderung**, vielleicht sogar im Schnee unter dem hellen Mond.

Horchen Sie am Abend kurz nach Sonnenuntergang auf die sehr besonderen Geräusche eines fest zugefrorenen Sees. **Lauschen** Sie im stillen Wald dem Fall der Schneeflocken. Dafür müssen Sie sich ganz still verhalten, setzen Sie sich vielleicht auf eine mitgebrachte Isomatte!

Wiederholen Sie die **Baum-Meditation** aus dem Kapitel „Einssein" (S. 66), jetzt mit einer Variation: Wenn Sie zu großen Bäumen herangewachsen sind, erleben Sie den Herbst und Winter, wie unten beschrieben.

Sie können auch eine verkürzte Version der Baum-Meditation wie folgt einleiten.

Stell dich an einen Platz, wo dir wohl ist, und wo du als Baum gerne stehen möchtest.
Schließe deine Augen. Bewege dich ein wenig hin und her, bis du das Gefühl hast, deine Mitte gefunden zu haben. Richte deine Aufmerksamkeit auf deinen Atem. Atme ganz lang-

sam ein – . … eins … zwei … drei. Und wieder aus – eins …
zwei … drei; ein – …. eins … zwei … drei. Und aus – eins …
zwei … drei.

Jetzt holen wir zum letzten Male als Menschen Luft, gleich
werden wir Bäume sein. Noch einmal tiiiief einatmen … eins
… zwei … drei.

Und mit dem Ausatmen wachsen uns Wurzeln aus den
Füßen. Wir atmen aus – eins … zwei … drei. Ganz kleine Wurzeln wachsen uns aus den Füßen, aber sie werden größer,
wachsen schnell in die Tiefe … um Steine herum ins weiche
Erdreich, bis sie Wasser finden.

Wo die feinen Haarwurzeln am Ende auf Wasser stoßen,
trinken sie das Wasser. Es wird hochgesaugt, bis es an unsere
Füße kommt. Sobald das Wasser unsere Füße berührt, verwandeln sie sich in den Fuß eines Baums. Das Wasser steigt
höher, in die Schienbeine, in die Knie, die Oberschenkel. Alles, was das Wasser berührt, verwandelt sich in einen Baumstamm. Jetzt ist es schon an unserem Po, im Bauch – alles wird
zu einem schönen, festen Baumstamm. Wie das Wasser in die
Brust steigt, verwandelt sich unsere Brust in große, verzweig-
te Äste; Arme, Hände und Kopf werden die weite Baumkro-
ne. Das Wasser steigt bis in die Äste, in die kleinen Zweige, bis
in die Knospen am Ende der kleinen Zweige. Die Knospen füllen sich mit Wasser, – plopp – springen sie auf, und unzählige
grüne Blätter entfalten sich. Jetzt haben wir eine große grüne Krone, ein Blätterdach.

Und zum ersten Mal holen wir jetzt als Bäume Luft … wir
atmen durch unsere Blätter. Ein – … eins … zwei … drei. Aus –
… eins … zwei … drei.

Wir sind jetzt ein Baum. Tief unten in der Erde halten uns
unsere Wurzeln, die Krone ragt hoch auf in den Himmel. Wir
sehen keine Sonne, aber wir spüren sie durch unsere Blätter.
Wir trinken das Licht der Sonne mit den Blättern. Wir atmen
die Luft durch unsere Blätter. Aus der Erde ziehen wir Wasser
bis hoch in die Blätter und verströmen es als Dunst in den

Himmel. Die Kraft von Sonne und Luft ziehen wir bis tief hinein in die Erde zu unseren Wurzeln.

So stehen wir da, verbinden Himmel und Erde, wachsen immer höher hinauf. Unser Stamm wird Tag für Tag stärker. Die Äste werden dicker, die Krone hebt sich immer weiter hinauf in den Himmel.

Jetzt sind wir ein großer, starker Baum. Wir wiegen uns leicht im Wind.

[Jetzt kommt der Teil über Herbst und Winter:]

Doch was ist das? Wir spüren, wie das Licht der Sonne langsam schwächer wird. Jeder Tag ist etwas kürzer als der Tag zuvor. Wir merken, bald ist es wohl Herbst und danach wird der Winter kommen.

Wir wachsen nicht weiter. All die Kraft, die wir von der Sonne noch bekommen können, konzentrieren wir jetzt in uns. Einen Teil geben wir in unsere Früchte, damit die Tiere etwas zu essen haben und damit es Baumkinder geben wird. Einen anderen Teil bekommen die Knospen, in denen schon die Blätter für das nächste Frühjahr ganz klitzeklein heranwachsen.

Bald schon wird es kalt in der Nacht, es friert uns an den Blättern. Die Nächte werden immer länger.

Morgens ist es schwer für die schwache Sonne, den Nebel aufzulösen. Wir lassen die reifen Früchte los, sie fallen nach und nach zu Boden. Dort werden sie von Vierbeinern und Zweibeinern für den Winter gesammelt.

Schon gibt es den ersten Frost. Jetzt wird es höchste Zeit. Wir verschließen die Wurzeln, stellen die „Wasserleitung" ab, mit der wir das Wasser aus der Erde ziehen.

Wir ziehen alle Lebenskraft aus den Blättern heraus in uns hinein... [entsprechende Bewegung mit den Händen]

... und lassen die Blätter einfach fallen.

Alle Lebenskraft ist jetzt tief in uns zusammengezogen.

Wir haben keine Blätter mehr. Wir spüren keine Sonne mehr, keine Luft mehr. Wir ziehen auch kein Wasser aus der Erde. Wir atmen nicht mehr. Wir fallen in einen tiefen, tiefen Schlaf.

Es ist ein langer Schlaf. Draußen wird es Winter. Es friert und schneit, eisige Stürme ziehen vorbei. Aber wir schlafen tief. Alle Lebenskraft ist in unseren Stamm und in die Wurzeln zurückgezogen. Einzig die Knospen wachen darüber, ob es nicht langsam Frühjahr wird.

Aber auch der längste Winter geht vorüber. Eines Tages merken wir, daß es hell und warm ist. Wir erwachen ganz langsam. Es ist ein Sonnentag im Frühling. Unsere Lebenskraft fließt in die Zweige, zu den Knospen. Darin warten die Blätter schon auf das Signal. Die Knospen springen auf, die Blätter entfalten sich im hellen Licht, blinzeln der Sonne zu.

Wir sind aus dem Winterschlaf erwacht, atmen durch unsere jungen Blätter tief durch.

...

Jetzt wollen wir wieder unter die Menschen zurückkehren.

Alle Teile des Baums verblassen. Sie werden ganz licht und durchsichtig. An ihrer Stelle erscheint unser gewohnter Menschenkörper wieder. Wir haben anstatt der Wurzeln wieder Füße, anstelle eines Baumstamms wieder Beine, Po und Bauch, anstatt der Äste und Blätter wieder Brust, Arme, Hände und Kopf.

Jetzt atmen wir wieder als Menschen durch unsere Lungen.

Wir bewegen uns langsam, um zu schauen, ob noch irgend etwas von uns aus Holz ist oder ob wir schon wieder ganz zu Fleisch und Blut geworden sind.

Zum Schluß öffnen wir die Augen.

Danach können Sie Ihr Kind auffordern, zu seinem Baum zu gehen und einmal hineinzulauschen, wovon er in seinem Winterschlaf gerade träumt. Das ist eine sehr gute Übung!

176

🌿 In den Winterwald mit Eis- und Schneekunstwerken passen auch gut *Fotograf und Kamera* (Kapitel „Sich Versenken", S. 52), *Bilderrahmen* und *Siebter Sinn* (beide im Kapitel „Wald", S. 92 und S. 95). Ganz besondere Skulpturen entstehen bei Frost auch überall dort, wo Wasser fließt!

Der Winter ist wie erwähnt auch die ideale Zeit, sich näher mit den Knospen der Bäume und Sträucher zu beschäftigen. Für Kinder leicht zu unterscheiden sind die von Ahorn (wegen der kreuzweise gegenständigen Knospen und der dicken, farbigen Endknospe), Esche (die einzige schwarze Knospe bei uns), Holunder (wegen der Reibeisenrinde) und Rotbuchen (typische rötliche Farbe, außerdem sind sie spitz wie kleine Dolche).[30]

🌿 Wenn Sie beide schon etwas vertraut mit den Knospen sind, können Sie ein *Knospenmemory* wagen: Geben Sie ihrem Kind einen Zweig mit verbundenen Augen zu spüren. Sehend versucht es dann, den dazugehörigen Baum zu finden und seinen Namen zu nennen. Noch einmal das ganze mit einem anderen Zweig, und noch ein drittes Mal, dann wird getauscht. Man darf Sie beide wirklich naturverbunden nennen, wenn Sie es schaffen, mindestens einen Baum im Winter mit verbundenen Augen zu erkennen. Öffnen Sie eine Knospe der Rotbuche, um nachzuschauen, was darin verborgen ist: Sie finden winzig kleine Blättchen mit einem dichten Pelz darum – die Blätter des kommenden Frühjahres, geschützt vor dem Frost des Winters. Damit das

---

[30] Knospen-Bestimmungsbücher gibt es im Buchhandel, gut ist der bereits erwähnte Baumführer von Gottfried Amann: *Bäume und Sträucher des Waldes*, Melsungen 1988. Darin sind alle Bestimmungsmerkmale der Bäume von Keimblatt bis Rinde enthalten.

wenige Wasser darin nicht gefriert, hat der Baum auch jede Menge „Frostschutz" in den Knospen eingelagert – Salze und Zucker. Davon ernähren sich manche Tiere im Winter, besonders die Rehe. Sie fressen die nahrhaften Knospen ab.

Jetzt ist ebenso Zeit für die Erkundung der verschiedenen Nadelbäume: Kiefer, Tanne, Fichte, Eibe, Douglasie und auch des immergrünen Ilex.

🍃 Auch hier können sie ein **Fühlmemory** durchführen: Die Nadeln der Fichte sind anders als die der Tannen und der von Douglasie oder Kiefer. Und wo sind die Nadeln der Lärche abgeblieben? Sie wurden im Herbst abgeworfen! Finden Sie eine Lärche mit noch ein paar goldenen Nadeln, dann stellen Sie sich darunter und schütteln kräftig...gehen Sie anschließend ganz vorsichtig weiter, denn jede Nadel, die bis zuhause auf Ihren Kleidern haften bleibt, verwandelt sich in Gold! Das funktioniert wirklich, weil in jeder Lärche eine gute Fee wohnt!

Vergessen Sie nicht die klaren Winternächte mit ihrem tiefdunklen, gestirnten Himmel!

🍃 Und natürlich die **Tierspuren** im Schnee. Sie können Sie bestimmen.[31] Verfolgen Sie die Spuren aber bitte nicht jenseits der Wege bis ins Unterholz, auch wenn dies noch so reizvoll ist. Die dort verborgenen Tiere erschrecken und fliehen schon aus großer Entfernung. Das kostet sie Energie, die sie bei Schnee und Frost kaum mehr wettmachen können.

---

[31] Gertrude Maurer: *Wer war denn das? Mein erstes Spurenbuch*; Bang/ Dahlström: *Tierspuren*.

Erfinden Sie Phantasietiere und legen deren seltsame Spuren mit einem Zweig oder einem Gegenstand in den Schnee … quer über den Weg, eine Wiese hinunter zum Bach …

- Füttern Sie die **Vögel** in Ihrem Garten und beobachten Sie gemeinsam, wie die Tiere ankommen, wie verschieden sie aussehen und sich verhalten. Mit einem Fernglas können Sie selbst im Warmen am Fenster sitzen, aber doch ganz nah schauen und im Bestimmungsbuch vergleichen.

- Gelegentlich können Sie den Förster zu einer **Winterfütterung** in den Wald begleiten, fragen Sie einfach nach.

- Und wenn Ihnen der Winter gar zu lange wird, dann beobachten Sie mit dem **Schattenstab**, wie die Sonne Tag für Tag ein Stückchen höher steigt (siehe Kapitel „Sonne", S. 126). Das gibt Hoffnung auf den Frühling …

Bald schon wird die Sonne wieder stärker, und die ersten, die es bemerken, sind die Haseln … Ihre zeitige Blüte verrät den herannahenden Frühling – der Jahreskreis hat sich geschlossen, ein neuer beginnt.

Inspiration

Dieses Kapitel bringt ausgewählte Texte aus verschiedenen Kulturen zum Thema „Mensch und Natur". Sie können Sie als Inspiration für sich selbst verwenden oder auch bei passender Gelegenheit, zum Beispiel am Lagerfeuer, als Einleitung einer Meditation oder vor dem Schlafen unter den Sternen Ihren Kindern vorlesen. Bitte dosieren Sie solche Texte eher knapp, hier gilt meistens: „Weniger ist mehr."

Ausschnitte aus der Rede des Häuptling Seattle

In den 1860er Jahren versuchten weiße US-Siedler, die indianischen Bewohner an der nördlichen Pazifikküste (nahe der heutigen Grenze zu Kanada) zu verdrängen. Die Stämme leisteten erfolgreich Widerstand, die US-Marine mußte eingeschlossenen Siedlern von See her zu Hilfe kommen. Daraufhin bot die Regierung den Stämmen ein Reservat im Tausch gegen das begehrte Land an. Häuptling Seattle antwortete auf dieses Angebot mit der berühmt gewordenen Rede. Sie ist von der Gruppe „Poesie und Musik" ins Deutsche übersetzt und vertont worden (als CD erhältlich: „Weil ich ein Wilder bin…"). Die Weisheit des Häuptling Seattle hat auch seine weißen Widersacher beeindruckt – so wurde die US-Siedlung in seinem Gebiet, an einem der schönsten Küstenstreifen der Erde nach ihm benannt. Es ist Seattle, das heute zu den attraktivsten und wohlhabendsten Städten der Welt gehört.

Doch vor über hundert Jahren antwortete der Häuptling auf das unerhörte Ansinnen der US-Regierung:

Wie kann man den Himmel kaufen oder verkaufen oder die Wärme der Erde? Diese Vorstellung ist uns fremd. Wenn wir die Frische der Luft und das Glitzern des Wassers nicht besitzen, wie könnt ihr sie von uns kaufen?

Jeder Teil dieser Erde ist meinem Volke heilig. Jede glitzernde Tannennadel, jeder sandige Strand, jeder Nebel in den dunklen Wäldern, jede Lichtung, jedes summende Insekt ist heilig in den Gedanken und Erfahrungen meines Volkes. Der Saft, der in den Bäumen steigt, trägt die Erinnerung des roten Mannes.

Die Toten der weißen Völker vergessen das Land ihrer Geburt, wenn sie von der Erde fortgehen, um unter die Sterne zu wandern. Unsere Toten vergessen diese wunderbare Erde nie, denn sie ist des roten Mannes Mutter. Wir sind ein

Teil dieser Erde, und sie ist ein Teil von uns. Die duftenden Blumen sind unsere Schwestern. Die Rehe, das Pferd, der große Adler, sie sind unsere Brüder. Die felsigen Höhen, die saftigen Wiesen, die Körperwärme des Ponys und die des Menschen, sie alle gehören zur gleichen Familie.

...

Wir werden euer Angebot, unser Land zu kaufen, bedenken. Es wird nicht leicht sein, denn dieses Land ist uns heilig. Wir erfreuen uns an diesen Wäldern.

Glänzendes Wasser, das sich in Bächen und Flüssen bewegt, ist nicht nur Wasser, sondern das Blut unserer Vorfahren. Wenn wir euch unser Land verkaufen, müßt ihr wissen, daß es heilig ist und daß jede flüchtige Spiegelung im klaren Wasser der Seen von Ereignissen und Überlieferungen meines Volkes erzählt. Das Murmeln des Wassers ist die Stimme meiner Vorväter und Vormütter.

Die Flüsse sind unsere Brüder. Sie stillen unseren Durst. Sie tragen unsere Kanus und nähren unsere Kinder. Wenn wir euch unser Land verkaufen, so müßt ihr euch daran erinnern und eure Kinder lehren: Die Flüsse sind unsere Brüder. Und eure. Und ihr müßt von nun an den Flüssen eure Güte geben, so wie jedem anderen auch.

...

Es gibt keine Stille in den Städten der Weißen, keinen Ort, um das Entfalten der Blätter im Frühling zu hören oder das Summen der Insekten. Was gibt es schon im Leben, wenn man nicht den einsamen Schrei des Ziegenmelkervogels hören kann oder das Gestreit der Frösche am Teich bei Nacht? Ich bin ein roter Mann und verstehe euch nicht. Der Indianer mag das sanfte Geräusch des Windes, der über eine Teichfläche streicht. Und er mag den Geruch des Windes, gereinigt vom Mittagsregen, oder schwer vom Duft der Kiefer.

Die Luft ist kostbar für den roten Mann, denn alle Dinge teilen denselben Atem. Das Tier, der Baum, der Mensch, sie alle teilen denselben Atem. Der weiße Mann scheint die Luft, die er atmet, überhaupt nicht zu bemerken. Wie ein Mensch, der seit vielen Tagen stirbt, ist er abgestumpft gegen den Gestank. Aber wenn wir euch unser Land verkaufen, dürft ihr nicht vergessen, daß die Luft uns kostbar ist, daß sie ihren Geist teilt mit allem Leben, das sie erhält. Der Wind gab unseren Vätern und Müttern den ersten Atem, und er nimmt ihren letzten. Der Wind muß auch unseren Kindern den Lebensgeist geben. Wenn wir euch unser Land verkaufen, müßt ihr es als ein besonderes und geweihtes schätzen, als einen Ort, wo auch der weiße Mann spürt, daß der Wind süß duftet von den Wiesenblumen.

Das Ansinnen, unser Land zu kaufen, werden wir bedenken. Und wenn wir uns entschließen anzunehmen, so nur unter einer Bedingung: Der weiße Mann muß die Tiere des Landes behandeln wie seine Brüder. Ich bin ein Wilder und verstehe es nicht anders. Ich habe Tausende verrottende Büffel gesehen, vom weißen Mann zurückgelassen, erschossen aus einem vorüberfahrenden Zug. Ich bin ein Wilder – und kann nicht verstehen, wieso das qualmende Eisenpferd wichtiger sein soll als der Büffel, den wir nur töten, um am Leben zu bleiben.

Was wäre der Mensch ohne die Tiere? Wären alle Tiere fort, so stürbe der Mensch an großer Einsamkeit des Geistes.

Was immer den Tieren geschieht, geschieht auch bald den Menschen. Alle Dinge sind miteinander verbunden. Was die Erde befällt, befällt auch die Söhne und Töchter der Erde. Lehrt eure Kinder, daß der Boden unter ihren Füßen die Asche unserer Großväter ist. Damit sie das Land achten, sagt ihnen, daß die Erde erfüllt ist vom Leben unserer Vorfahren. Lehrt eure Kinder, was wir unsere Kinder lehren: Die Erde ist unsere Mutter.

Was immer die Erde befällt, befällt auch die Söhne und Töchter der Erde. Wenn Menschen auf die Erde spucken, be-

speien sie sich selbst. Denn das wissen wir: Die Erde gehört
nicht den Menschen, der Mensch gehört zur Erde. Das wis-
sen wir. Das wissen wir. Alles ist miteinander verbunden,
wie das Blut, das eine Familie vereint. Alles ist verbunden.
Was die Erde befällt, befällt auch die Söhne und Töchter der
Erde. Der Mensch schuf nicht das Gewebe des Lebens, er ist
darin nur eine Faser. Was immer ihr dem Gewebe antut,
das tut ihr euch selber an.

...

Eines wissen wir, was der weiße Mann vielleicht erst ei-
nes Tages entdeckt: Schöpfer allen Lebens ist die allesum-
fassende, geheimnisvolle Kraft, das „Große Geheimnis".
Unser Schöpfer ist derselbe. Ihr denkt vielleicht, daß ihr
ihn besitzt, so wie ihr unser Land zu besitzen trachtet, aber
das könnt ihr nicht. Alles Leben ist Verkörperung dieser ge-
heimnisvollen Kraft, und die Erde zu verletzen heißt, diese
Kraft zu verachten.

...

Wenn wir euch unser Land verkaufen, seid darum be-
sorgt, wie wir darum besorgt waren. Haltet in eurem Ge-
dächtnis das Land fest, wenn ihr es nehmt. Und mit all eu-
rer Kraft, mit eurem ganzen Verstand, mit ganzem Herzen
bewahrt es für eure Kinder. Und liebt es.

...

Eines wissen wir: Unser Gott ist derselbe. Er ist der Gott
der Menschen, der roten und der weißen. Und diese Erde ist
ihm heilig. Auch der weiße Mann kann der gemeinsamen
Bestimmung nicht entgehen. Vielleicht sind wir am Ende
doch Brüder.
Wir werden sehen.

Aus dem Taoismus

In einer kurzen Rede lehrt der taoistische Meister Dschuang Tse (ca. 300 v. Chr. in China) seinen Schüler Hui Tse die gegenseitige Abhängigkeit aller Phänomene:

...

Nehmen wir als Beispiel die Erde!
Sie ist unermeßlich groß und weit,
aber der Mensch braucht von alledem nur den Fleck,
auf dem er zufällig steht.
Nun stelle dir vor, es würde plötzlich
alles Erdreich weggenommen, das er im Augenblick
*   nicht braucht,*
so daß sich um ihn herum ein Abgrund auftut
und er im Leeren steht
und nichts unter den Füßen hat
als zwei, drei Schollen Erde –
Was nützte ihm dieses winzige Stück?
Hui Tse sagte: „Es nützte ihm gar nichts."
Dschuang Tse schloß:
Damit ist erwiesen,
wie notwendig das ist,
was „keinen Nutzen" hat.

Die beiden sprachen bei anderer Gelegenheit über die menschliche Fähigkeit zu Mitgefühl:

Dschuang sagte:
„Schau, wie frei die Fische sich tummeln
und wie glücklich sie dabei sind."
Hui erwiderte:
„Da du kein Fisch bist,
woher weißt du dann,
was Fische glücklich macht?"
Dschuang sagte:

„Da du nicht ich bist,
wie kannst du da wissen,
daß ich nicht weiß,
was Fische glücklich macht?"
Hui entgegnete:
„Wenn ich, der ich nicht du bin,
nicht wissen kann, was du weißt,
so folgt daraus, daß du,
der du kein Fisch bist,
nicht wissen kannst,
was sie wissen."
Dschuang Tse sagte: „Nur sachte!
laß uns zu der
ursprünglichen Frage zurückkehren.
Du hast mich gefragt:
‚Woher weißt du, was Fische glücklich macht?'
Den Worten deiner Frage zufolge
weißt du ganz klar, daß ich weiß,
was Fische glücklich macht.
Ich kenne die Freude der Fische im Fluß
durch meine eigene Freude,
wenn ich denselben Fluß entlang gehe." [32]

Dazu paßt auch gut die indianische Inspiration aus der Übung **Spinnenherz** (Kapitel „Zwiesprache", S. 61).

---

[32] Aus: Thomas Merton: *Sinfonie für einen Seevogel*, Düsseldorf 1984, S. 128 und S. 74.

Vom „Leben" der Steine

Ab Ende der sechziger Jahre besannen sich die Indianer Nordamerikas auf ihr kulturelles und spirituelles Erbe. Aus diesem *new indian movement* stammt das folgende Gedicht von Cesspooch (Dancing Eagle Plum). Am besten lesen Sie es bei einem Felsen (z. B. einem Findling) vor, oder wenn ein größerer Stein zwischen Ihnen in der Mitte liegt, oder wenn jeder einen Stein in der Hand hält.

ICH BIN EIN FELSEN.
Ich habe Leben und Tod gesehen.
Ich habe Glück erfahren, Sorge und Schmerz.
Ich lebe ein Felsenleben.
Ich bin ein Teil unserer Mutter, der Erde.
Ich habe ihr Herz an meinem schlagen gefühlt.
Ich habe ihren Schmerz gefühlt
und ihre Freude.
Ich lebe ein Felsenleben.
Ich bin ein Teil unseres Vaters,
*   des Großen Geheimnisses.*
Ich habe seinen Kummer gefühlt
und seine Weisheit.
Ich habe seine Geschöpfe gesehen, meine Brüder,
die Tiere, die Vögel,
die redenden Flüsse und Winde, die Bäume,
alles was auf der Erde
und alles, was im Universum ist.
Ich bin mit den Sternen verwandt.
Ich kann sprechen, wenn du zu mir sprichst.
Ich werde zuhören, wenn du redest.
Ich kann dir helfen, wenn du Hilfe brauchst.
Aber verletz mich nicht,
denn ich kann fühlen, wie du.
Ich habe die Kraft, zu heilen,

doch du wirst sie erst suchen müssen.
Vielleicht denkst du, ich bin bloß ein Felsen,
der in der Stille daliegt
auf feuchtem Grund.
Aber das bin ich nicht.
Ich bin ein Teil des Lebens,
ich lebe;
ich helfe denen,
die mich achten. [33]

[33] Aus: Recheis/Bydlinski: *Weißt du, daß die Bäume reden?* Freiburg 1985.

Aus dem Sonnengesang des Heiligen Franz von Assisi [34]

… *Gelobt seist Du, mein Herr,*
mit allen Deinen Geschöpfen,
vornehmlich mit der edlen Herrin
Schwester Sonne,
die uns den Tag schenkt durch ihr Licht.
Und schön ist sie
und strahlend in großem Glanze:
Dein Sinnbild, Höchster!
Und gelobt seist Du, mein Herr,
durch Bruder Mond und die Sterne;
am Himmel schufest Du sie
leuchtend und kostbar und schön.
Gelobt seist Du, mein Herr,
durch Bruder Wind und die Luft,
durch wolkig und jegliches Wetter,
durch das Du Deinen Geschöpfen
Gedeihen gibst.
Gelobt seist Du, mein Herr,
durch Schwester Wasser
gar nützlich ist sie
und demütig und köstlich keusch.
Gelobt seist Du, mein Herr,
durch Bruder Feuer,
durch den Du die Nacht uns erleuchtest,
und schön ist er und fröhlich
Und gewaltig und stark.
Gelobt seist Du, mein Herr,
durch unsere Schwester
Mutter Erde,
die uns ernährt und erhält,
vielfältige Frucht uns trägt
und bunte Blumen und Kräuter.

---

[34] Der Heilige Franziskus, Lobpreisungen der Geschöpfe.

190

Kinder brauchen Stille

Etty Buzyn
Laßt mir doch Zeit zum Träumen
Leistungsdruck und Streß abbauen – wie Eltern ihren
Kindern helfen können.
ISBN 3-451-26376-9
Anhand vieler Fallbeispiele macht die Autorin deutlich, wie wichtig es für
die gesunde Entwicklung der Kinder ist, Freiräume zur Verfügung zu haben.

Gisela Preuschoff
Kinder mit Mandalas zur Stille führen
Kreative Anregungen und praktische Übungen für Eltern
und Kinder
ISBN 3-451-26374-2
Spielerisch Ruhe gewinnen: Wie Eltern mit Kindern Mandalas malen,
basteln, achtsam betrachten oder mit dem Körper gestalten können.

Doro Kammerer
Zärtlicher Abschied vom Tag
Einschlafrituale für Kinder
ISBN 3-451-26365-3
Was Eltern tun können, wenn ihre Kinder nicht schlafen gehen wollen.

Gisela Preuschoff
Kinder zur Stille führen
Meditative Spiele, Geschichten und Übungen
160 Seiten, Klappenbroschur
ISBN 3-451-23897-7
Tips, die Kinder auf den Weg der Ausgeglichenheit zurückführen.

Cordelia Alber-Klein / Regina Hornberger
Das Bach-Blüten-Buch für die Familie
Kinder und Eltern entdecken sich selbst
Mit Farbabbildungen der 38 Bach-Blüten
ISBN 3-451-23787-3
Ein Buch für alle Eltern, die zusammen mit ihren Kindern positive Erfahrun-
gen in sanfter Gesundheit und bei der Persönlichkeitsfindung machen wollen.

HERDER

Maria Montessori
Wie Kinder zu Konzentration und Stille finden
Hrsg. von Ingeborg Becker-Textor
Band 4597
Elementar, tief und praktisch: Übungen, die Kindern helfen, sich zu konzentrieren und die positive Wirkung der Stille zu erleben.

Karin Dörner
Auf einmal geht alles wie von selbst
Vorlesegeschichten zum Trösten und Mutmachen
Band 4553
Kinderseelen sind verletzlich. Geschichten zum Vorlesen, die auf die Ängste und Unsicherheiten eingehen, die Kinder erleben.

Patricia Aden
Autogenes Training mit Kindern und Jugendlichen
Ein praktischer Leitfaden für Eltern und Erziehende
Band 4512
Wie Kinder seelischen Streß und auch körperliches Unbehagen bewältigen und das Gelernte in den Alltag mitnehmen können

Sabine Bernau
Hilfen für den Zappelphilipp
Das Selbsthilfe-Elternbuch
Band 4368
Alle notwendigen Informationen zur Hyperaktivität. Erfahrungsberichte von Eltern und Tips zur Selbsthilfe.

Karin Dörner / Christiane Nebel / Alexander Redlich
Geschichten für gestreßte Kinder
Vorlesegeschichten zum Entspannen und Mutigwerden
Band 4362
Im Miterleben dieser Abenteuer- und Alltagsgeschichten lernen Kinder, wie sie sich entspannen und mutig an ihre Probleme herangehen können.

HERDER / SPEKTRUM